心一堂術數古籍珍本叢刊

書名：命學金聲
系列：心一堂術數古籍珍本叢刊　星命類　第二輯　131
作者：【民國】黃雲樵
主編、責任編輯：陳劍聰
心一堂術數古籍珍本叢刊編校小組：陳劍聰　素聞　梁松盛　鄒偉才　虛白盧主

出版：心一堂有限公司
通訊地址：香港九龍旺角彌敦道六一〇號荷李活商業中心十八樓〇五—〇六室
深港讀者服務中心：中國深圳市羅湖區立新路六號羅湖商業大廈負一層〇〇八室
電話號碼：(852)67150840
網址：publish.sunyata.cc
電郵：sunyatabook@gmail.com
網店：http://book.sunyata.cc
淘寶店地址：https://shop210782774.taobao.com
微店地址：https://weidian.com/s/1212826297
臉書：https://www.facebook.com/sunyatabook
讀者論壇：http://bbs.sunyata.cc/

版次：二零一六年三月初版
平裝

港幣　二百二十元正
定價：人民幣　二百二十元正
新台幣　九百八十元正

國際書號：ISBN 978-988-8317-13-4

香港發行：香港聯合書刊物流有限公司
地址：香港新界大埔汀麗路36號中華商務印刷大廈3樓
電話號碼：(852)2150-2100
傳真號碼：(852)2407-3062
電郵：info@suplogistics.com.hk

台灣發行：秀威資訊科技股份有限公司
地址：台灣台北市內湖區瑞光路七十六巷六十五號一樓
電話號碼：+886-2-2796-3638
傳真號碼：+886-2-2796-1377
網絡書店：www.bodbooks.com.tw
台灣國家書店讀者服務中心：
地址：台灣台北市中山區松江路二〇九號一樓
電話號碼：+886-2-2518-0207
傳真號碼：+886-2-2518-0778
網絡書店：http://www.govbooks.com.tw

中國大陸發行　零售：深圳心一堂文化傳播有限公司
深圳地址：深圳市羅湖區立新路六號羅湖商業大廈負一層〇〇八室
電話號碼：(86)0755-82224934

心一堂微店二維碼

心一堂淘寶店二維碼

心一堂術數古籍 珍本 整理 叢刊 總序

術數定義

術數，大概可謂以「推算（推演）、預測人（個人、群體、國家等）、事、物、自然現象、時間、空間方位等規律及氣數，並或通過種種『方術』，從而達致趨吉避凶或某種特定目的」之知識體系和方法。

術數類別

我國術數的內容類別，歷代不盡相同，例如《漢書・藝文志》中載，漢代術數有六類：天文、曆譜、五行、蓍龜、雜占、形法。至清代《四庫全書》，術數類則有：數學、占候、相宅相墓、占卜、命書、相書、陰陽五行、雜技術等，其他如《後漢書・方術部》、《藝文類聚・方術部》、《太平御覽・方術部》等，對於術數的分類，皆有差異。古代多把天文、曆譜、及部分數學均歸入術數類，而民間流行亦視傳統醫學作為術數的一環；此外，有些術數與宗教中的方術亦往往難以分開。現代民間則常將各種術數歸納為五大類別：命、卜、相、醫、山，通稱「五術」。

本叢刊在《四庫全書》的分類基礎上，將術數分為九大類別：占筮、星命、相術、堪輿、選擇、三式、讖諱、理數（陰陽五行）、雜術（其他）。而未收天文、曆譜、算術、宗教方術、醫學。

術數思想與發展——從術到學，乃至合道

我國術數是由上古的占星、卜筮、形法等術發展下來的。其中卜筮之術，是歷經夏商周三代而通過「龜卜、蓍筮」得出卜（筮）辭的一種預測（吉凶成敗）術，之後歸納並結集成書，此即現傳之《易

經》。經過春秋戰國至秦漢之際，受到當時諸子百家的影響、儒家的推崇，遂有《易傳》等的出現，原本是卜筮術書的《易經》，被提升及解讀成有包涵「天地之道（理）」之學。因此，《易・繫辭傳》曰：「易與天地準，故能彌綸天地之道。」

漢代以後，易學中的陰陽學說，與五行、九宮、干支、氣運、災變、律曆、卦氣、讖緯、天人感應說等相結合，形成易學中象數系統。而其他原與《易經》本來沒有關係的術數，如占星、形法、選擇，亦漸漸以易理（象數學說）為依歸。《四庫全書・易類小序》云：「術數之興，多在秦漢以後。要其旨，不出乎陰陽五行，生尅制化。實皆《易》之支派，傳以雜說耳。」至此，術數可謂已由「術」發展成「學」。

及至宋代，術數理論與理學中的河圖洛書、太極圖、邵雍先天之學及皇極經世等學說給合，通過術數以演繹理學中「天地中有一太極，萬物中各有一太極」（《朱子語類》）的思想。術數理論不單已發展至十分成熟，而且也從其學理中衍生一些新的方法或理論，如《梅花易數》、《河洛理數》等。

在傳統上，術數功能往往不止於僅僅作為趨吉避凶的方術，及「能彌綸天地之道」的學問，亦有其「修心養性」的功能，「與道合一」（修道）的內涵。《素問・上古天真論》：「上古之人，其知道者，法於陰陽，和於術數。」數之意義，不單是外在的算數、歷數、氣數，而是與理學中同等的「道」、「理」--心性的功能，北宋理氣家邵雍對此多有發揮：「聖人之心，是亦數也」、「萬化萬事生乎心」、「心為太極」。《觀物外篇》：「先天之學，心法也。……蓋天地萬物之理，盡在其中矣，心一而不分，則能應萬物。」反過來說，宋代的術數理論，受到當時理學、佛道及宋易影響，認為心性本質上是等同天地之太極。天地萬物氣數規律，能通過內觀自心而有所感知，即是內心也已具備有術數的推演及預測、感知能力；相傳是邵雍所創之《梅花易數》，便是在這樣的背景下誕生。

《易・文言傳》已有「積善之家，必有餘慶；積不善之家，必有餘殃」之說，至漢代流行的災變說及讖緯說，我國數千年來都認為天災，異常天象（自然現象），皆與一國或一地的施政者失德有關；下至家族、個人之盛衰，也都與一族一人之德行修養有關。因此，我國術數中除了吉凶盛衰理數之外，人心的德行修養，也是趨吉避凶的一個關鍵因素。

術數與宗教、修道

在這種思想之下，我國術數不單只是附屬於巫術或宗教行為的方術，又往往是一種宗教的修煉手段──通過術數，以知陰陽，乃至合陰陽（道）。「其知道者，法於陰陽，和於術數。」例如，「奇門遁甲」術中，即分為「術奇門」與「法奇門」兩大類。「法奇門」中有大量道教中符籙、手印、存想、內煉的內容，是道教內丹外法的一種重要外法修煉體系。甚至在雷法一系的修煉上，亦大量應用了術數內容。此外，相術、堪輿術中也有修煉望氣（氣的形狀、顏色）的方法；堪輿家除了選擇陰陽宅之吉凶外，也有道教中選擇適合修道環境（法、財、侶、地中的地）的方法，以至通過堪輿術觀察天地山川陰陽之氣，亦成為領悟陰陽金丹大道的一途。

易學體系以外的術數與的少數民族的術數

我國術數中，也有不用或不全用易理作為其理論依據的，如揚雄的《太玄》、司馬光的《潛虛》。也有一些占卜法、雜術不屬於《易經》系統，不過對後世影響較少而已。

外來宗教及少數民族中也有不少雖受漢文化影響（如陰陽、五行、二十八宿等學說。）但仍自成系統的術數，如古代的西夏、突厥、吐魯番等占卜及星占術，藏族中有多種藏傳佛教占卜術、苯教占卜術、擇吉術、推命術、相術等；北方少數民族有薩滿教占卜術；不少少數民族如水族、白族、布朗族、佤族、彝族、苗族等，皆有占雞（卦）草卜、雞蛋卜等術，納西族的占星術、占卜術，彝族畢摩的推命術、占卜術……等等，都是屬於《易經》體系以外的術數。相對上，外國傳入的術數以及其理論，對我國術數影響更大。

曆法、推步術與外來術數的影響

我國的術數與曆法的關係非常緊密。早期的術數中，很多是利用星宿或星宿組合的位置（如某星在某州或某宮某度）付予某種吉凶意義，并據之以推演，例如歲星（木星）、月將（某月太陽所躔之宮次）等。不過，由於不同的古代曆法推步的誤差及歲差的問題，若干年後，其術數所用之星辰的位置，已與真實星辰的位置不一樣了；此如歲星（木星），早期的曆法及術數以十二年為一周期（以應地支），與木星真實周期十一點八六年，每幾十年便錯一宮。後來術家又設一「太歲」的假想星體來解決，是歲星運行的相反，週期亦剛好是十二年。而術數中的神煞，很多即是根據太歲的位置而定。又如六壬術中的「月將」，原是立春節氣後太陽躔娵訾之次而稱作「登明亥將」，至宋代，因歲差的關係，要到雨水節氣後太陽才躔娵訾之次，當時沈括提出了修正，但明清時六壬術中「月將」仍然沿用宋代沈括修正的起法沒有再修正。

由於以真實星象周期的推步術是非常繁複，而且古代星象推步術本身亦有不少誤差，大多數術數除依曆書保留了太陽（節氣）、太陰（月相）的簡單宮次計算外，漸漸形成根據干支、日月等的各自起例，以起出其他具有不同含義的眾多假想星象及神煞系統。唐宋以後，我國絕大部分術數都主要沿用這一系統，也出現了不少完全脫離真實星象的術數，如《子平術》、《紫微斗數》、《鐵版神數》等。後來就連一些利用真實星辰位置的術數，如《七政四餘術》及選擇法中的《天星選擇》，也已與假想星象及神煞混合而使用了。

隨着古代外國曆（推步）、術數的傳入，如唐代傳入的印度曆法及術數，元代傳入的回回曆等，其中我國占星術便吸收了印度占星術中羅睺星、計都星等而形成四餘星，又通過阿拉伯占星術而吸收了其中來自希臘、巴比倫占星術的黃道十二宮、四大（四元素）學說（地、水、火、風），並與我國傳統的二十八宿、五行說、神煞系統並存而形成《七政四餘術》。此外，一些術數中的北斗星名，不用我國傳統的星名：天樞、天璇、天璣、天權、玉衡、開陽、搖光，而是使用來自印度梵文所譯的：貪狼、巨門、祿存、文曲，廉貞、武曲、破軍等，此明顯是受到唐代從印度傳入的曆法及占星術所影響。如星命術中的《紫微斗數》及堪輿術中的《撼龍經》等文獻中，其星皆用印度譯名。及至清初《時憲曆》，置閏之法則改用西法「定氣」。清代以後的術數，又作過不少的調整。

此外，我國相術中的面相術、手相術，唐宋之際受印度相術影響頗大，至民國初年，又通過翻譯歐西、日本的相術書籍而大量吸收歐西相術的內容，形成了現代我國坊間流行的新式相術。

陰陽學——術數在古代、官方管理及外國的影響

術數在古代社會中一直扮演着一個非常重要的角色，影響層面不單只是某一階層、某一職業、某一年齡的人，而是上自帝王，下至普通百姓，從出生到死亡，不論是生活上的小事如洗髮、出行等，大事如建房、入伙、出兵等，從個人、家族以至國家，從天文、氣象、地理到人事、軍事，從民俗、學術到宗教，都離不開術數的應用。我國最晚在唐代開始，已把以上術數之學，稱作陰陽（學），行術數者稱陰陽人。（敦煌文書、斯四三二七唐《師師漫語話》：「以下說陰陽人謾語話」，此說法後來傳入日本，今日本人稱行術數者為「陰陽師」）。一直到了清末，欽天監中負責陰陽術數的官員中，以及民間術數之士，仍名陰陽生。

古代政府的中欽天監（司天監），除了負責天文、曆法、輿地之外，亦精通其他如星占、選擇、堪輿等術數，除在皇室人員及朝庭中應用外，也定期頒行日書、修定術數，使民間對於天文、日曆用事吉凶及使用其他術數時，有所依從。

我國古代政府對官方及民間陰陽學及陰陽官員，從其內容、人員的選拔、培訓、認證、考核、律法監管等，都有制度。至明清兩代，其制度更為完善、嚴格。

宋代官學之中，課程中已有陰陽學及其考試的內容。（宋徽宗崇寧三年〔一一零四年〕崇寧算學令：「諸學生習……並曆算、三式、天文書。」「諸試……三式即射覆及預占三日陰陽風雨。天文即預

定一月或一季分野災祥，並以依經備草合問為通。」

金代司天臺，從民間「草澤人」（即民間習術數人士）考試選拔：「其試之制，以《宣明曆》試推步，及《婚書》、《地理新書》試合婚、安葬，並《易》筮法，六壬課、三命、五星之術。」（《金史》卷五十一・志第三十二・選舉一）

元代為進一步加強官方陰陽學對民間的影響、管理、控制及培育，除沿襲宋代、金代在司天監掌管陰陽學及中央的官學陰陽學課程之外，更在地方上增設陰陽學課程（《元史・選舉志一》：「世祖至元二十八年夏六月始置諸路陰陽學。」）地方上也設陰陽學教授員，培育及管轄地方陰陽人。（《元史・選舉志一》：「（元仁宗）延祐初，令陰陽人依儒醫例，於路、府、州設教授員，凡陰陽人皆管轄之，而上屬於太史焉。」）自此，民間的陰陽術士（陰陽人），被納入官方的管轄之下。

至明清兩代，陰陽學制度更為完善。中央欽天監掌管陰陽學，明代地方縣設陰陽學正術，各州設陰陽學典術，各縣設陰陽學訓術。陰陽人從地方陰陽學肄業或被選拔出來後，再送到欽天監考試。（《大明會典》卷二二三：「凡天下府州縣舉到陰陽人堪任正術等官者，俱從吏部送（欽天監），考中，送回選用；不中者發回原籍為民，原保官吏治罪。」）清代大致沿用明制，凡陰陽術數之流，悉歸中央欽天監及地方陰陽官員管理、培訓、認證。至今尚有「紹興府陰陽印」、「東光縣陰陽學記」等明代銅印，及某某縣某某之清代陰陽執照等傳世。

清代欽天監漏刻科對官員要求甚為嚴格。《大清會典》「國子監」規定：「凡算學之教，設肄業生。滿洲十有二人，蒙古、漢軍各六人，於各旗官學內考取。漢十有二人，於舉人、貢監生童內考取。附學生二十四人，由欽天監選送。教以天文演算法諸書，五年學業有成，舉人引見以欽天監博士用，貢監生童以天文生補用。」學生在官學肄業、貢監生肄業或考得舉人後，經過了五年對天文、算法、陰陽學的學習，其中精通陰陽術數者，會送往漏刻科。而在欽天監供職的官員，《大清會典則例》「欽天監」規定：「本監官生三年考核一次，術業精通者，保題升用。不及者，停其升轉，再加學習。如能黽勉供職，即予開復。仍不及者，降職一等，再令學習三年，能習熟者，准予開復，仍不能者，黜退。」除定期考核以定其升用降職外，《大清律例》中對陰陽術士不準確的推斷（妄言禍福）是要治罪的。《大清律例・一七八・術七・妄言禍福》：「凡陰陽術士，不許於大小文武官員之家妄言禍福，違者杖一百。其依經推算星命卜課，不在禁限。」大小文武官員延請的陰陽術士，自然是以欽天監漏刻科官員或地方陰陽官員為主。

官方陰陽學制度也影響鄰國如朝鮮、日本、越南等地，一直到了民國時期，鄰國仍然沿用着我國的多種術數。而我國的漢族術數，在古代甚至影響遍及西夏、突厥、吐蕃、阿拉伯、印度、東南亞諸國。

術數研究

術數在我國古代社會雖然影響深遠，「是傳統中國理念中的一門科學，從傳統的陰陽、五行、九宮、八卦、河圖、洛書等觀念作大自然的研究。……傳統中國的天文學、數學、煉丹術等，要到上世紀中葉始受世界學者肯定。可是，術數還未受到應得的注意。術數在傳統中國科技史、思想史，文化史、社會史，甚至軍事史都有一定的影響。……更進一步了解術數，我們將更能了解中國歷史的全貌。」（何丙郁《術數、天文與醫學中國科技史的新視野》，香港城市大學中國文化中心。）

可是術數至今一直不受正統學界所重視，加上術家藏秘自珍，又揚言天機不可洩漏，「（術數）乃吾國科學與哲學融貫而成一種學說，數千年來傳衍嬗變，或隱或現，全賴一二有心人為之繼續維繫，賴以不絕，其中確有學術上研究之價值，非徒癡人說夢，荒誕不經之謂也。其所以至今不能在科學中成立一種地位者，實有數因。蓋古代士大夫階級目醫卜星相為九流之學，多恥道之；而發明諸大師又故為惝恍迷離之辭，以待後人探索；間有一二賢者有所發明，亦秘莫如深，既恐洩天地之秘，復恐譏為旁門左道，始終不肯公開研究，成立一有系統說明之書籍，貽之後世。故居今日而欲研究此種學術，實一極困難之事。」（民國徐樂吾《子平真詮評註》，方重審序）

現存的術數古籍，除極少數是唐、宋、元的版本外，絕大多數是明、清兩代的版本。其內容也主要是明、清兩代流行的術數，唐宋或以前的術數及其書籍，大部分均已失傳，只能從史料記載、出土文獻、敦煌遺書中稍窺一鱗半爪。

術數版本

坊間術數古籍版本，大多是晚清書坊之翻刻本及民國書賈之重排本，其中豕亥魚魯，或任意增刪，往往文意全非，以至不能卒讀。現今不論是術數愛好者，還是民俗、史學、社會、文化、版本等學術研究者，要想得一常見術數書籍的善本、原版，已經非常困難，更遑論如稿本、鈔本、孤本等珍稀版本。在文獻不足及缺乏善本的情況下，要想對術數的源流、理法、及其影響，作全面深入的研究，幾不可能。

有見及此，本叢刊編校小組經多年努力及多方協助，在海內外搜羅了二十世紀六十年代以前漢文為主的術數類善本、珍本、鈔本、孤本、稿本、批校本等數百種，精選出其中最佳版本，分別輯入兩個系列：

一、心一堂術數古籍珍本叢刊

二、心一堂術數古籍整理叢刊

前者以最新數碼（數位）技術清理、修復珍本原本的版面，更正明顯的錯訛，部分善本更以原色彩色精印，務求更勝原本。并以每百多種珍本、一百二十冊為一輯，分輯出版，以饗讀者。

後者延請、稿約有關專家、學者，以善本、珍本等作底本，參以其他版本，古籍進行審定、校勘、注釋，務求打造一最善版本，方便現代人閱讀、理解、研究等之用。

限於編校小組的水平，版本選擇及考證、文字修正、提要內容等方面，恐有疏漏及舛誤之處，懇請方家不吝指正。

心一堂術數古籍 珍本 整理 叢刊編校小組

二零零九年七月序

二零一四年九月第三次修訂

命學金聲

初編

林庚侯署

浙東玄真子星命選吉大六壬課簡章

大六壬小中大課　法幣一四八元

命批流年摘要　法幣二元

命批行運否泰　法幣三元

命批壬奇四宮成本　法幣六元

命批壬奇天星成本　法幣十二元

七政四餘細批成本　法幣五十四元

飛星剗度　法幣自一百元起至六百元止

乾坤二造合婚三元／天星　法幣六／十二元

嫁娶選日吉期周堂／天星　法幣六／十二元

其餘不及細載如欲選開市安葬赴任等吉日均行面議

凡蒙賜教　筆資先惠

外埠函批　掛號寄覆　電話九一三五四

空函垂詢　恕不裁答

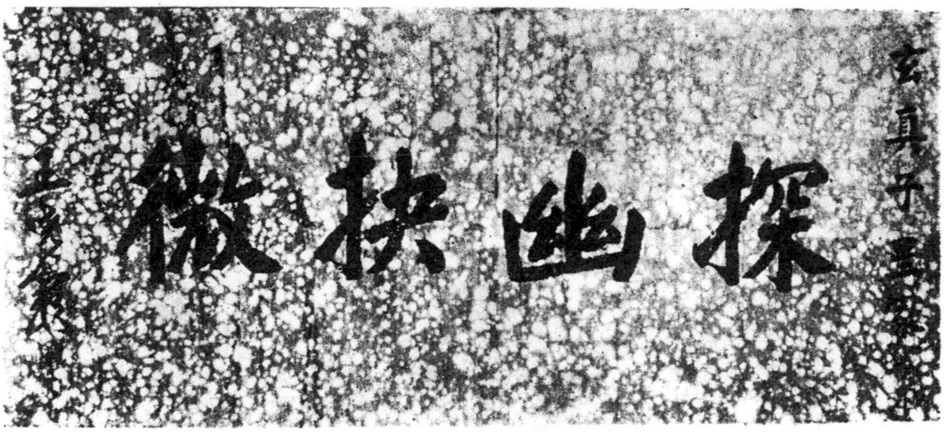

玄真子星學家

命理湛深

許曉初題

命學金聲初編

玄真子星家 法鑒

指迷南鍼

張一塵題

命學金聲出版

達人津梁

己卯仲春魯指南題

指南

逕啓者 昨由陶樂勤先生送來
足下排算命理書一冊 披覽之下 辱承
贊許 足徵
術數高明 無任欽佩
指示 盛謝何似 爰肅數行 馳申謝悃 即
此順頌
台綏 此致
玄真子星家 台鑒

周邦俊啓 五/二十

周邦俊啓事

中西大藥房股份有限公司 電話九四〇二〇
申寓同孚路大中里一二〇號 電話三二一一三五
蘇居城內衛道觀前十一號

窮理盡性以至於命
大哉易理學繼先聖

二千八年三月為
玄真子著命學金聲題
島川季華朱承勛

其如指掌

玄真子命學堂撰出書

鄧鏞舫題

著作人玄真子肖像

星相導師玄真子氏精星相之學善察機微凡所推斷及指人迷津之處靡不如響斯應宜乎爲舉世所推崇矣

朱雨陶謹題

女星相家鳳鳴玉照

鳳鳴女史　巾幗之雄
貫居方外　兼入儒中
幼承庭訓　研究深功
長懷大志　遠寄萍踪
聊藉小技　四海觀風
謹祈各界　請諒苦衷
命相合參　哲理精通
著譽滬上　確非凡庸
諸君不信　請試筆鋒

古越黃雲樵題

秋贈序言

命相非難。而難於評論時。語不兩歧。使人知所趨避。此蓋非胸具成竹。學有淵源。曷能臻此。

試翻四庫全書。凡名公鉅卿。暨騷人碩士。何一不諳命相卜著之學。推原其故。儒本通三才。達四維。以道經邦。是爲專責。至於星卜。乃末者耳。雖然。儒逢不遇之際。亦恆以松煙半錠。斑管一枝。賣卜評命而自食其智。談言微中。人以爲神乎其技。在儒之本身。何嘗稀罕也。

黃子雲樵。爲會稽望族。世代書香。第浮薄之氣。無介乎形容。唯阿之風。不見乎言語。是以不能獲顯位。隱居歇浦。顧明月清風。豈足以資事蓄。惟有仗筆硯。賣卜命相。別署玄真子。人皆以爲神奇。而余則謂儒之末術耳。惟喜其無江湖習氣。真道語人。稗益於民生。當非淺鮮。

今者黃子緣友人之促。將平生之心得命相與卜諸學說。先付剞劂。使世人易解而易知。則趨避之法。無師而自通。爰定名命學金聲。余序數語以待玉振。預請再覩續集云爾。

民國二十八年三月　　日古越老秋氏謹識。

余序

自然界無數之瓦斯體。集成衆星環。復由衆星環團結各行衛等星。地球與月。卽其一也。高則爲山岳。下則爲汪洋。陰爲夜而陽爲晝。夏則暑而冬則寒。以五行而萬物生。賴元氣而庶類育。今古不易之理也。哲學家所謂無極生太極。太極生兩儀。兩儀生四象。是以天地判而清濁分。一氣行而陰陽定。夫天爲一大天。人爲一小天。天以陰陽五行化生萬物。人亦以陰陽五行支配休咎。自古聖人乃造干支。配五行。以定人之八字。遂爲命學之源焉。然作者謂之聖。述者謂之明。故易言。君子居易以俟命。孟子曰。莫非命也。逮後聖明相傳。命學乃備。遂知天干爲天元。地支爲地元。地支所藏者爲人元。三者幷之而爲三才。又以日月五星爲七政。計孛羅炁爲四餘。五行之旺衰。宜察氣候之强弱。亦有旺之太過而轉弱者。衰之極點亦能轉爲强者。此中精奧。變遷莫測。如僅考强弱。而不通權達變。是誠固執。其曷能談言微中也。故星家爲人推命者。更以生尅制化作主旨。務得其中和者以爲貴。偏枯者以爲貧。尤以病藥之理分明。方可以言推命。尤須悉心參攷。權衡輕重。强弱盈虛。一切辨真無謬。始可稱爲命理真家也。古越黃子雲樵別號玄真子。博覽羣籍。茹古含今。藉硯田而自食其力。爲人命相。無口不碑。更妙在以哲理參科學。用舊德合新潮。使趨訪者。僉知立命安身。納諸軌物。謂非今世業命相中之出類拔萃者耶。茲以其平素心得之集。付於剞劂。爰樂爲之序。

民國二十八年三月寗波余覺天謹識。

自序

士無恆產而有恆心。食於農。器於工。資於商。皆仰給於人。而推爲四民首。其竟奚長乎。曰修己以及人。誠正以平治。任重道遠。老安少懷。達相天下。窮亦善身。參造化。究人天。故有一物不知。士者之恥之語。人所景仰而崇拜也。不亦宜乎。

夫爲士者。人知之亦囂囂。人不知亦囂囂。抱道在躬。始終如一。威武不屈。富貴不淫。用則施於世。舍則傳諸徒。興居不苟。以正爲軌。縱人不我舉。或釣水。或植桑。必有以自得。卽無廬可隱。無畝可耕。甚或迫於無地可容。無徒克授。其必著書立說。用垂後世。嘗讀載籍。因譜古來士大夫遭嫉與不遇於時者之所爲。莫可勝紀。稽厥攸傳。或政治之學。或經濟之學。或軍事之學。或星命之學。要皆歸其性之所好。與性之所近而已。

鯫生才同夢鳥。技止雕蟲。無奇行異能。可以濟衆。有罄懸壁立。實使憂心。雖渺滄海之一粟。而坐對古人。未嘗不心嚮往之。無已。祇得仗星命之學。為人決策。所得潤墨。藉供自養。迄斯二十餘載矣。我安之。而人亦無間言。姑以平昔之經驗游歷。與夫心之所志。學之所及。聊集於冊。名之曰命學金聲。為毀為譽。蓋所勿計也。

稿甫脫。客有謂余曰。美則美矣。其如新潮之不孚何。余乃哂應之曰。不患集之不能行。而患業之不能精。謂余之心力未逮。宜無不可。若謂星命之道。亦隨潮流而永沒不彰。吾實未之深信也。譬諸日月之蝕焉。雖一時闇昧。轉瞬光明。其何傷於日月乎。且夫哲學為科學之基。其道奧玄。難能窮理。若夫體用與天地朽。海可枯。石可爛。哲學一端。卽遭秦皇之坑焚。恐亦不能磨滅也。或人又曰。洵如君言。其如今日之業是者。流品不齊。語言龐雜。致使崇高之道。深微之機。反受人蔑視。又何說乎。余正襟危坐而對曰。是誠難言矣。言之亦不能盡述矣。

抑心所謂危。不敢不告。有具體而微者。有各得一體者。譬之觀象。

甲雖能道其究竟。僅云體積祗咫尺耳。乙則謂象如庭柱。丙辯之曰。象如蒲扇。丁又曰。象如庭燎。戊更曰。象有兩孔。隨意卷舒。各執一端。各是其是。豈不令人譏笑歟。其實甲所道者。登堂未入於室。乙之視也只及於象足。丙之視在象耳。丁之視在象尾。戊所言者固象之鼻也。宜責其學之不博。見之未周。然皆不可厚非也。況復有人紫色奪朱。鄭聲亂雅。無怪吾子之有所誚者矣。

綜上所陳。誠在業是者之故。即盡善盡美。億則屢中。而結局竟能出乎理道者。如鄧通之富錫銅山。喫着不盡。卒於餓斃。裴度之騰蛇入口。貧賤夭亡。而以富貴壽終。故曰。人定勝天。又曰命之不準者。非常人也。是皆在於對方者修爲之故。明乎此理。瞭如指掌矣。其他。爲人談命者。舍學問經驗而外。更須隨機應變。隨地制宜。例如水尅火。而火亦能生水。以其熱則化汽。而汽變水。比比然也。火尅金。金亦能生火。察諸電學。寧不深知矣。類是者。筆難悉述。余亦不煩瑣言。惟忌刻舟求劍。斯爲可矣。

鰥生心志。既集於書。而不自稔為知難行易。抑言之非艱。行之維艱也者。茲當是集問世。爰作敍言。以冀世之君子。明以教我。則幸甚矣。

民國二十八年春分前三日。古越黃雲樵。別署玄真子。謹識於春申虞洽卿路寓邸。

命學金聲目錄

目錄

尚有其他賜題命造再容續刊特此附啓

第一　捷徑篇

(一)六十甲子　天干有十。卽甲、乙、丙、丁、戊、己、庚、辛、壬、癸、是也。地支有十二。卽子、丑、寅、卯、辰、巳、午、未、申、酉、戌、亥、是也。以十干挨配於十二支。輾轉循環。年月日時。俱以此識之而定四柱。諺謂八字是矣。配列於下。

甲子　乙丑　丙寅　丁卯　戊辰　己巳　庚午　辛未　壬申
癸酉　甲戌　乙亥　丙子　丁丑　戊寅　己卯　庚辰　辛巳
壬午　癸未　甲申　乙酉　丙戌　丁亥　戊子　己丑　庚寅
辛卯　壬辰　癸巳　甲午　乙未　丙申　丁酉　戊戌　己亥
庚子　辛丑　壬寅　癸卯　甲辰　乙巳　丙午　丁未　戊申
己酉　庚戌　辛亥　壬子　癸丑　甲寅　乙卯　丙辰　丁巳
戊午　己未　庚申　辛酉　壬戌　癸亥

(二)五行相生

金生水。水生木。木生火。火生土。土生金。

(三)五行相尅

金尅木。木尅土。土尅水。水尅火。火尅金。

(四)日干陰陽

甲、乙、丙、丁、戊、己、庚、辛、壬、癸、十干。其中分陰陽。如

甲、丙、戊、庚、壬、爲陽。乙、丁、己、辛、癸、爲陰。

(五)以年推月(不論男女之八字。一律順推。)

甲己之年丙作首。(立春後丙寅作正月。二月丁卯。依此順行推算。)
乙庚之歲戊爲頭。(立春後戊寅作正月。二月己卯。依此順行推算。)
丙辛便向庚寅起。(立春後庚寅作正月。二月辛卯。依此順行推算。)
丁壬壬寅順行流。(立春後壬寅作正月。二月癸卯。依此順行推算。)
戊癸之年甲寅求。(立春後甲寅作正月。二月乙卯。依此順行推算。)

凡推命只憑節氣。不論月之大小。男女一律順推。行運須憑月份起。三天爲一歲。三十天爲十歲。一小時爲十天。十二時爲一百二十天。三十六時。爲三百六十天。作一歲。男命陽年順行。陰年逆行。女命陰年順行。陽年逆行。依此推算。毫無錯誤。

（六 以日推時

甲己還生甲。（甲己日主。甲子時起。依此順推。）

乙庚丙作初。（乙庚日主。丙子時起。依此順推。）

丙辛生戊子。（丙辛日主。戊子時起。依此順推。）

丁壬庚子居。（丁壬日主。庚子時起。依此順推。）

戊癸推壬子。（戊癸日主。壬子時起。依此順推。）

按命不論男女。年月日時。四柱八字。一律順行。大運則譬如正月生人。順行至驚蟄節爲止。少一小時。卽欠十天。依此類推。逆行至立春節爲止。如欠一百天。倒退至去年立冬前十天交換。如多一百天。順行至立夏過十天交換。依此法推之。庶無錯誤。

▲財官印綬

生我者爲正印梟神。我生者爲傷官食神。
尅我者爲正官七煞。我尅者爲正財偏財。
同我者爲比肩刼財。

解曰我卽日干。譬如甲日生人。我屬陽木。見癸水、子水、爲正印。壬水、亥水、爲梟神。旺作偏印。見辛酉金爲正官。見庚申金爲七煞。旺作偏官。見戊辰戌土爲偏才。見己丑未土爲正財。見丙火巳火爲食神。見丁火午火爲傷官。見甲木寅木爲比肩。見乙木卯木爲刼才。其餘依此類推。

陰生陽爲正印、正官、正財、刼財、傷官。陰生陽陽生陰同上。
陽生陽爲七煞、梟神、食神、偏才、比肩。陽生陽陰生陰同上。

▲男命六親

正印爲母。偏印繼母。天干偏才爲父。正財爲妻。地支偏才爲妾。比肩爲兄姊。刼才爲弟妹。七殺爲子。正官爲女。

▲女命六親

正官爲夫。七殺偏夫。食神爲子。傷官爲女。其餘與男命同。

文昌　甲巳乙午君須記。丙戊居申丁己酉。庚猪辛鼠壬逢虎。癸日逢兔上雲梯。

長生　甲日在亥乙日午。丙戊居寅丁己酉。庚蛇辛鼠壬逢申。癸日遇兔是長生。

▲天月二德

寅午戌月見丙。巳酉丑月見庚。申子辰月見壬。亥卯未月見甲。（此爲月德）

正丁、二申、三壬、四辛、五亥、六甲、七癸、八寅、九丙、十乙、子巳、丑庚。（以上天德。依月令爲主。）

▲地支陰陽

子、午、卯、酉、丑、未、爲陰。巳、亥、寅、申、辰、戌爲陽。

▲干支五行所屬

東方甲、乙、寅、卯、木。南方丙、丁、巳、午、火。西方庚、申、辛、酉、金。北方壬、癸、亥、子、水。中央戊、己、辰、戌、丑、未、土。

天乙貴人　（子平以甲戊庚爲牛羊。其實以訛傳訛。）

甲戊見丑未。乙己逢申子。丙丁遇亥酉。

壬癸卯巳藏。庚辛逢寅午。永定貴人方。

命中若遇此。定作富貴郎。　此乃天乙六壬貴人。

▲十干祿

甲日祿在寅。乙日祿在卯。丙戊日祿在巳。丁己日祿在午。

庚日祿在申。辛日祿在酉。壬日祿在亥。癸日祿在子。

▲羊刃飛刃

甲日羊刃在卯。酉飛刃。乙日羊刃在辰。戌飛刃。
丙日羊刃在午。子飛刃。丁日羊刃在未。丑飛刃。
戊日羊刃在午。子飛刃。己日羊刃在未。丑飛刃。
庚日羊刃在酉。卯飛刃。辛日羊刃在戌。辰飛刃。
壬日羊刃在子。午飛刃。癸日羊刃在丑。未飛刃。
（附註。古書爲陰陽二刃。今皆用牛羊之羊。）

▲二十四節氣

正月立春雨水。二月驚蟄春分。三月清明穀雨。
四月立夏小滿。五月芒種夏至。六月小暑大暑。
七月立秋處暑。八月白露秋分。九月寒露霜降。
十月立冬小雪。子月大雪冬至。丑月小寒大寒。

▲地支藏遁歌

子宮癸水在其中。丑癸辛金己土同。
寅宮甲木兼丙戊。卯宮乙木獨相逢。

辰藏乙戊三分癸。巳中庚金丙戊叢。午宮丁火幷己土。未宮乙己丁共宗。申位庚金壬水戊。酉宮辛字獨豐隆。戌宮辛金及丁戊。亥藏壬甲是眞踪。

▲三奇格

天上三奇甲戊庚。地下三奇乙丙丁。人中三奇壬癸辛。以甲爲日。以戊爲月。以庚爲星。地支戌亥爲天門。主貴。倒亂則不奇。以乙爲日。以丙爲月。以丁爲星。地支遇子丑爲貴。倒亂則不奇。以壬爲日。以癸爲月。以辛爲星。地支遇寅卯爲貴。倒亂則不奇。（星卽時。）

▲華蓋（華蓋不空亡。見財官。反成富貴。遇空亡。得志沙門。）

寅午戌年見戌時。巳酉丑年見丑時。

申子辰年見辰時。亥卯未年見未時。

▲天羅地網

子平以辰爲天羅。戌爲地網。（攷查命理正宗。戌亥爲天門。）

實則。以戌爲天羅。辰爲地網。

此二宮爲魁罡所佔。貴人不臨之地。

喜靜而不宜動。非魁罡日。逢刑冲則發。

▲驛馬（以年庚爲主）

申子辰馬在寅。寅午戌馬在申。巳酉丑馬在亥。亥卯未馬在巳。

▲六甲旬日空亡

甲子旬中戌亥空。甲寅旬中子丑空。

甲辰旬中寅卯空。甲午旬中辰巳空。

甲申旬中午未空。甲戌旬中申酉空。

▲胎、息、變、通

第一　捷徑篇

其法從本生月前天干一位。地支四位。卽爲胎元。如甲子月。乙卯卽胎元也。息起。取日主天干合之。地支合之。如甲子日。己丑是也。變法。時辰天干合之。地支合之。如丙子時。辛丑是也。通法。甲子月寅時。卯上安命。甲己之年丙作首。丁卯是通。

男女安命捷訣

法以月支幾宮。與時支幾宮。未過節氣。少數共十四宮。多數共廿六宮。已過節氣。少數共十三宮。多數共廿五宮。男女一律。假使止月立春後生人。爲未過。雨水後生人。爲已過。學命者。照此行之。無錯無誤矣。

▲增除小限法（俗名飛過海）▼

假使子年生人。作十一宮。安命寅宮。爲一宮。共十二宮。流年逢卯。共計十二宮。除去兩宮。卽亥宮爲小限。假使寅年生人。安命在寅。共只兩宮。逢丑年。須再加十二宮。共十四宮。除去十二宮。小限在卯宮。其餘依此類推。多則減爲十二宮。少則須加十二宮。照此類推。簡便快速。一無錯誤。

十干生年算月表

閏月憑節氣爲主

閏月憑節氣	甲己兩年	乙庚兩年	丙辛兩年	丁壬兩年	戊癸兩年
正月	丙寅	戊寅	庚寅	壬寅	甲寅
二月	丁卯	己卯	辛卯	癸卯	乙卯
三月	戊辰	庚辰	壬辰	甲辰	丙辰
四月	己巳	辛巳	癸巳	乙巳	丁巳
五月	庚午	壬午	甲午	丙午	戊午
六月	辛未	癸未	乙未	丁未	己未
七月	壬申	甲申	丙申	戊申	庚申
八月	癸酉	乙酉	丁酉	己酉	辛酉
九月	甲戌	丙戌	戊戌	庚戌	壬戌
十月	乙亥	丁亥	己亥	辛亥	癸亥
十一月	丙子	戊子	庚子	壬子	甲子
十二月	丁丑	己丑	辛丑	癸丑	乙丑

橫看十干生日排時表

甲己兩日	甲子	乙丑	丙寅	丁卯	戊辰	己巳	庚午	辛未	壬申	癸酉	甲戌	乙亥
乙庚兩日	丙子	丁丑	戊寅	己卯	庚辰	辛巳	壬午	癸未	甲申	乙酉	丙戌	丁亥
丙辛兩日	戊子	己丑	庚寅	辛卯	壬辰	癸巳	甲午	乙未	丙申	丁酉	戊戌	己亥
丁壬兩日	庚子	辛丑	壬寅	癸卯	甲辰	乙巳	丙午	丁未	戊申	己酉	庚戌	辛亥
戊癸兩日	壬子	癸丑	甲寅	乙卯	丙辰	丁巳	戊午	己未	庚申	辛酉	壬戌	癸亥

說明：不論男女。只憑日干陰陽順逆。依表推算。庶無錯誤。

五行衰旺絕井羊刃表（以日干直推橫看）

十干生旺死絕羊刃文昌表

天干日主	甲日	乙日	丙戊	丁己	庚日	辛日	壬日	癸日
長生	亥	午	寅	酉	巳	子	申	卯
沐浴	子	巳	卯	申	午	亥	酉	寅
冠帶	丑	辰	辰	未	未	戌	戌	丑
臨官	寅	卯	巳	午	申	酉	亥	子
帝旺	卯	寅	午	巳	酉	申	子	亥
衰敗	辰	丑	未	辰	戌	未	丑	戌
疾病	巳	子	申	卯	亥	午	寅	酉
死休	午	亥	酉	寅	子	巳	卯	申
墓庫	未	戌	戌	丑	丑	辰	辰	未
絕處	申	酉	亥	子	寅	卯	巳	午
胎元	酉	申	子	亥	卯	寅	午	巳
養育	戌	未	丑	戌	辰	丑	未	辰
羊刃	卯	辰	午	未	酉	戌	子	丑
飛刃	酉	戌	子	丑	卯	辰	午	未
文昌	巳	午	申	酉	亥	子	寅	卯

貴人祿堂表

貴祿表	甲戊日	乙己日	丙丁日	庚辛日	壬癸日
十干天乙貴人	丑 未	子 申	亥 酉	午 寅	卯 巳
	此爲六壬天乙貴人				

甲祿寅	丙戊祿己	庚祿申	壬祿亥
乙祿卯	丁己午	辛祿酉	癸祿子

以日干爲主看地支

地支十二宮寄數表					
寅作一宮	辰作三宮	午作五宮	申作七宮	戌作九宮	子作十一宮
卯作二宮	巳作四宮	未作六宮	酉作八宮	亥作十宮	丑作十二宮

天干五陽日六親表

	甲日	丙日	戊日	庚日	壬日	
	甲	丙	戊	庚	壬	比肩爲兄娣
	乙	丁	己	辛	癸	刼才爲弟妹
	丙	戊	庚	壬	甲	食神爲兒
女命	丁	己	辛	癸	乙	傷官爲女
	戊	庚	壬	甲	丙	偏財爲父
	己	辛	癸	乙	丁	正財爲妻
	庚	壬	甲	丙	戊	七煞爲兒
	辛	癸	乙	丁	己	正官爲女
	壬	甲	丙	戊	庚	梟神爲繼母
	癸	乙	丁	己	辛	正印爲母

△依日主橫看▽

天干五陰日六親表

△依日主橫看▽	比肩爲弟妹	傷官爲女（女命）	食神爲兒（女命）	正財爲妻	偏才爲父	正官爲女（男命）	七煞爲子（男命）	正印爲母	梟神爲繼母	刼財爲兄姊
乙日	乙	丙	丁	戊	己	庚	辛	壬	癸	甲
丁日	丁	戊	己	庚	辛	壬	癸	甲	乙	丙
己日	己	庚	辛	壬	癸	甲	乙	丙	丁	戊
辛日	辛	壬	癸	甲	乙	丙	丁	戊	己	庚
癸日	癸	甲	乙	丙	丁	戊	己	庚	辛	壬

地支六陽日六親表

▲依日主橫看▼

	比肩爲兄娣朋友	敗才爲弟妹朋友	食神爲兒（女命）	傷官爲女（女命）	偏才爲妾	正才爲妻	偏官爲子（男命）	正官爲女（男命）	偏印爲繼母	正印爲母
甲日	寅	卯	巳	午	辰戌	丑未	申	酉	亥	子
丙日	巳	午	辰戌	丑未	申	酉	亥	子	寅	卯
戊日	辰戌	丑未	申	酉	亥	子	寅	卯	巳	午
庚日	申	酉	亥	子	寅	卯	巳	午	辰戌	丑未
壬日	亥	子	寅	卯	巳	午	辰戌	丑未	申	酉

地支六陰日六親表

▲依日主横看▼

	比肩為弟妹朋友	傷官為女（女命）	食神為子	正財為妻	偏才為妾	正官為女	七煞為兒（男命）	正印為母	梟神為繼母	刼才為兄娣朋友
乙日	卯	巳	午	辰戌	丑未	申	酉	亥	子	寅
丁日	午	辰戌	丑未	申	酉	亥	子	寅	卯	巳
己日	丑未	申	酉	亥	子	寅	卯	巳	午	辰戌
辛日	酉	亥	子	寅	卯	巳	午	辰戌	丑未	申
癸日	子	寅	卯	巳	午	辰戌	丑未	申	酉	亥

六十花甲五行納音表

甲子乙丑海中金。　丙寅丁卯爐中火。
戊辰己巳大林木。　庚午辛未路傍土。
壬申癸酉劍鋒金。　甲戌乙亥山頭火。
丙子丁丑澗下水。　戊寅己卯城頭土。
庚辰辛巳白臘金。　壬午癸未楊柳木。
甲申乙酉井泉水。　丙戌丁亥屋上土。
戊子己丑霹靂火。　庚寅辛卯松柏木。
壬辰癸巳長流水。　甲午乙未沙中金。
丙申丁酉山下火。　戊戌己亥平地木。
庚子辛丑壁上土。　壬寅癸卯金箔金。
甲辰乙巳覆燈火。　丙午丁未天河水。
戊申己酉大驛土。　庚戌辛亥釵釧金。

壬子癸丑桑柘木。甲寅乙卯大溪水。
丙辰丁巳沙中土。戊午己未炎上火。
庚申辛酉石榴木。壬戌癸亥大海水。

第二 星命五言篇

格成方爲貴。局破賤相宜。要詳衰旺氣。月令是崇基。
得令允稱旺。失時應推衰。考查年與月。歸宿切莫遲。
五行究底蘊。四季勿參差。春時逢木盛。夏令火炎曦。
秋金白帝令。冬旺水歸時。四季皆藏土。丑辰未戌司。
財官如並有。名利必揚眉。用煞宜佩印。煞印暗相生。
人若逢此命。紫綬定無疑。傷官並見財。富從天上來。
食神喜比刼。衣食總無虧。傷官宜傷盡。遇官殃自隨。
食梟如並見。家產不能持。羊刃逢冲合。橫災烏可辭。
印弱臨財地。黃泉不遠期。甲乙寅卯辰。富貴定可期。
丙丁巳午未。威名震遠東。庚辛申酉戌。歐西姓名香。
壬癸亥子丑。北地稱豪强。所言干支者。取格爲人師。
人能具此格。豐功姓氏垂。官旺日多尅。遇傷反轉雄。

煞重身輕弱。食逢名利充。日旺印多忌。臨財志氣崇。
重梟恆奪食。財地暢襟胸。日衰傷食洩。梟印運爲功。
劫比重重削。官煞反豐隆。財盛身自弱。比劫運春風。
生生堪喜遇。貴顯必加躬。應尅而逢尅。吉祥兩映洪。
土多木盛喜。煞傷運亦通。木寒愛火土。衰木印傷融。
土旺若逢木。姓名遐邇紅。土寒喜逢火。名利不虛空。
土燥再臨火。空門多困窮。土薄定寡信。土多心必忠。
土焦逢水運。轉瞬卽飛冲。水旺財官喜。操持富貴中。
庚辛水弱遇。西方萬事鴻。水多木又疊。一世若飄蓬。
火盈金又盛。不讓范蠡公。火土主仁術。火衰木運聰。
火少土多輩。方向利於東。金旺逢財吉。榮華富貴叢。
金衰雖喜印。土埋金自終。寒金逢火運。名利必葱龍。
金寒如水泛。有志反忡忡。五行和爲貴。偏枯畢世窮。
窮通與流塞。八字不朦朧。諸君明此理。發聵且振聾。

第三 天干四時宜忌篇

甲乃參天木。脫胎喜火功。春生用火土。夏以水土通。秋木水生應。冬誕太陽融。火熾乘龍貴。水盛騎虎雄。天和與地闊。福壽定延崇。乙爲柔脆木。青龍勾陳功。懷丁而抱丙。見酉喜猴隆。若逢潮濕地。騎馬憂忡忡。藤蘿繫甲木。宜西更宜東。丙火猛烈剛。能欺雪侮霜。能煅庚金力。遇辛反不强。土衆多慈愛。水盈忠節張。月逢寅午戌。甲來焚中堂。丁乃柔懦火。其性甚文明。見乙性仁孝。合壬志豪英。雖旺猶不烈。衰弱不困窮。四柱若逢乙。秋冬並可榮。戊乃泰山土。既中而且正。宜靜不宜動。萬物之司命。水潤百物茂。火燥焦物病。若在寅和申。怕冲須忍性。己爲田園土。植物皆蓄藏。豈愁陽木盛。不畏水猖狂。火燥補其暖。金多顯其光。若要日主旺。喜助始克昌。庚金最堅硬。所愛火制革。秋生宜煅煉。夏產怕火礫。春金連枝氣。冬歸得土益。甲兄始餘裕。乙妹爲艱厄。辛金軟且弱。喜清不喜雜。

土多怕掩埋。水蕩智慧合。春冬喜逢丁。夏產印綬匝。秋金氣銳銳。成格必顯揚。壬乃滔滔水。週流永不滯。通根喜透癸。冲天亦奔逝。春生宜金土。夏產火宜濟。秋水木火熔。冬誕火土締。癸是扶桑水。勢達於天津。得辰身則潤。見金方爲珍。春以陽金合。夏產喜金神。秋水陰金喜。冬建宜勾陳。合戊是見火。化象方爲真。

▲附六神註

甲乙青龍。　丙丁朱雀。　戊日勾陳。　己日螣蛇。　庚辛白虎。
壬癸玄武。

▲十惡大敗日（見官則貴。見財則富。）

甲辰乙巳與壬申。丙申丁亥及庚辰。戊戌癸亥加辛巳。
己丑都來十位神。人命若犯逢此日。倉庫金銀化灰塵。

第四　相心篇

人居六合之靈。心宅五行爲尚。欲識其平生良莠。必相其臨事操持。聆音察理。見貌辨色。則十不離九矣。如其官星愷悌。貴氣軒昂。必性格優游。而仁慈寬大。如其懷抱貫通和暢。聲音必豐姿美秀。而天性聰明。印綬主多。智慧自在。定然心向仁慈。食神既裕。朵頤常甘。定卜心廣體胖。偏官七殺。勢壓三公。喜酒色而好門多爭。愛軒昂而抑强扶弱。情性如虎。躁急似風。梟印當權。狐疑滿腹。操心機而始勤終怠。好藝術而多學少成。偏印刦刃。出祖離家。外象謙和尚義。內心很毒無垠。無慈惠之心。有刻薄之意。正偏財露。好義輕財。第愛人趨奉。喜説短長。嗜酒貪花。亦係此理。傷官傷盡。多藝多能。傲物使心。氣高多譎。顴隆骨俊。眼大眉粗。日德心良穩厚。而作事慈祥。魁罡之性。則嚴有操持。而爲人聰敏。日貴夜貴。朝榮暮榮。其人純粹有姿。仁德不驕奢。深潛不妄舉。至於金神貴格。火地奇偉。既有剛斷明敏之材。實無刻薄欺瞞之意。乙己鼠貴。遇午冲貧。壬騎龍背。逢丁破格。是以井欄飛天。心必傲物。刑合趨艮。足智多仁。六甲趨乾。仁慈剛介。五陰會局。爲人佛口蛇心。二德印生。作事施恩錫類。五行有化。看何以推之。四柱無情。取元干而論也。且火炎主燥。必聲高而好禮。水清在兌。必言出以施仁。金白水清。肥圓質黑。土氣厚重。信在四時。稟合如斯。事僅大略。若夫推廣。另須察其細微。欲識心理學者。不可以其迢而忽之焉。

第五　玄微篇

闢兩儀以奠三才。輪四季而庶萬象。皆由天命也。斯命也者。四時分立。故曰四象。日主專定。三元命比令矣。故無令而不行。令依命耳。故無命而不立。既須知命令之相參。尤當曉天地之全體也。或人之意若云。子罕言命。是皆天命。而非人命歟。天命關乎氣數。人命稟乎五行。然則氣數五行何以殊。天人之命何以異。蓋可得議矣。蓋人命榮枯得失。盡在五行生尅之間。貴富賤貧。不出八字中和與否之外。故欲深究者。必先觀氣節之淺深。後看財官之向背。人命之機。皆不離乎財官。諸格局內。只應虛邀祿馬。先賢早垂矜式。後學尚宜變通。如太過。無尅制者則貧賤。如不及。無生扶者則夭亡。命雖優而運劣。貧賤無疑。命雖背以運佳。困窮必免。喜生遇生。貴當可斷。愛尅遇尅。吉必無差。逢官看財。用財而富貴。逢殺看印。遇印以榮華。逢印看官又遇官。非富卽貴。逢財忌殺而見殺。十扣九空。木盛遇金。定爲豫章之木。水多逢土。卽成捍衛之功。火煅秋金。不作劍鋒其誰任。木踈季土。非爲稼穡其何辭。火炎之中而有水。易誦既濟之言。水淺之區遇多金。最是體全之象。甲乙運入金方。身旺則功名可許。壬癸路經火局。軀强則財貴堪圖。刦殺不須逢旺地。食神最喜刦財鄉。亥卯未逢甲乙。富貴可期。寅午戌逢丙丁。榮華必準。庚辛局全巳酉丑。知其位重而權高。壬癸格得申子辰。譪厥學優而聞達。戊己局全四季。榮蓋諸曹。更逢德秀三奇。名揚四海。木全寅卯辰之方。功名自備。金蒞申酉戌之地。富貴無虧。水歸亥子丑之源。榮華之客。火臨巳午未之域。顯達其人。木旺賴火之光輝。功名必至。金堅愛水之溶合。文字堪誇。最畏者。用火愁水。用木愁金。若夫春木重重。非是太旺無依。夏火炎炎。休爲太剛足厭。秋金爍爍最爲奇。冬水汪汪誠足美。削之剝之而爲特。生我扶我最爲嫌。丙丁生於冬月。所貴戊己當頭。庚辛產於夏天。妙在壬癸得局。甲乙秋生。貴宜玄武。庚辛夏長。妙用勾陳。丙丁水多嫌北地。逢戊己反作貴推。

第五　玄微篇

庚辛火旺怕南方。遇戊己定須榮斷。甲乙秋生透丙丁。漫作傷看。戊己夏產露庚辛。當爲貴論。火兼水多。貴行木運。土逢木旺。榮入火鄉。庚逢水重。水冷金寒。喜煥喜炎。戊逢多金必身衰。設遇氣剛愛熒熾。不及更樂生扶。太過尚宜傷洩。必明辨脫剝。調劑慎思。官殺混雜。身弱則貧。官殺相停。合殺爲貴。年月官星。早年出仕。日時正貴。晚歲成名。胞胎逢印綬。祿享千鍾。財氣遇長生。腴田萬頃。秋冬官星逢傷刃。存金去火貴無疑。金水傷官喜見官。破印重傷必災殃。財旺生官者。乃貴少而富多。傷官見財者。是富長而貴短。無傷不貴。有病方奇。理明於此。自有餘義。雖然有用始爲奇。用得舒配方爲美。審其輕重。毋執一途。如火炎遇庚辛。休言身旺財輕之造。或木絕坐金。重逢殺印。難作身强氣旺之斷。然而財輕忽經刦地。頓見妻災。刼財羊刃具官殺。得受顯赫之勳。歸祿倒冲行刃傷。可任中央之位。身旺有殺。行印綬。乘時勢。且爲當路之官。殺强主弱。無印綬。遇財星。必係凡庸之輩。羊刃偏官有制。理應榮掌軍權。正官正印無傷。自然爲人顯貴。潤下稼穡。給賞之官。子午尊位。公門之客。癸日癸時兼亥丑。名列前茅。壬時壬日疊壬辰。清標千禩。日德見魁罡。遇刑冲。多爲貧寒之士。魁罡見財星。無冲尅。才是祿食之人。傷官見官。妙入印財之地。財星破印。宜逢比刧之宮。命逢財運又逢殺。吉亦堪陳。命逢殺運又逢財。凶當可決。女遇傷官歸祿。極貴極榮。男對羊刃身弱。遇之爲奇。金神飛祿傷官。女命不宜逢。逢之則多鬬。羊刃七殺傷官。男命必須值。值則定得權。若論正印無官。居官不顯。羊刃七殺。出仕馳名。身旺無依。乃僧道之命。桃花逐水。果女妓之流。金弱火絶。土木消磨之匠。身强財淺。金火陶冶之流。傷官逢財而有子。七殺有制亦多兒。印綬被傷。萱幃早逝。財源被刧。椿蔭先凋。男命傷官須損子。女命傷官主尅夫。年月財官身旺。顯親揚名。日時祿馬長生。妻賢子貴。月中歸祿無財官。他鄉喪父。年逢祿馬被冲破。外邑亡身。日主逢財時逢刧。妻妾產亡。太歲值殺月值傷。弟兄欠睦。專祿若逢陰錯。外氏蕭條。三才如欲盡參。斯言環誦。則無錯誤矣。

第六　看命八法篇

看命之法。先須八字排定。次則推算運行。按命宮之喜忌。人元之否泰。精心參考。纖悉無遺。財官印綬。失時爲衰。及時而旺。年月財官印綬長生。出第清高。遺產頗廣。日時貴人。自立舒暢。財旺生官。如日主强。富而且貴。器度難量。年月日時。傷官刼比。雜而不清。貧賤爲止。入格真者。非富卽貴。用神得力。一世安慰。生氣印綬。更遇財運之地。則萬事不能稱心。財星遇刼。倘無制化之方。則難以遂願。官星被傷。非災卽殃。若逢印綬。福壽無疆。食神見梟。家業荒涼。如遇偏才。諸禍遁藏。傷官遇印。定見災殤。運入財地。富壽榮昌。比刼梟印。貧賤難當。運喜財官。家漸隆康。羊刃假殺。威鎮邊疆。運逢冲戰。非耗卽亡。祿堂身旺。亡破慚惶。祿堂身衰。乃積乃昌。貴人逢合。清逸孔良。若遇刑冲。淚涕汪汪。拱祿拱貴。虛邀爲强。如逢塡實。災禍猖狂。乙己鼠貴。富貴足望。若遇午冲。貧賤不遑。胞胎印綬。食祿未央。運入財地。剝耗傍徨。祿馬同鄉。既安且康。子冲丁合。花柳自障。井欄飛天。文學堪揚。若遇官殺。性多淫蕩。此則舉其大略。學者須要變通。不可忽略焉。

第七　命學精蘊篇

（一）正官者。甲日見辛金是也。陽見陰陰見陽爲正。餘此類推。喜行財鄉。日干强旺。名高爵顯。日干衰弱。官星重疊。非夭即貧。若見傷官。險象環生。如遇印救。逢凶化吉。

（二）偏官者。甲日見庚金是也。陽見陽陰見陰爲偏。庚金旺爲偏官。衰弱爲七殺。餘此類推。合殺爲貴。遇羊刃爲奇。喜制伏而不宜太過。如官來混。智識昏沉。清中帶濁。非貧即賤。

（三）印綬者。甲日見癸水是也。陽見陰陰見陽爲正。餘此類推。逢殺名利皆優。遇官居仁多義。一入財鄉。破耗多端。運逢刼才。履險如夷。

（四）偏印者。即梟神倒食。甲日見壬水是也。陰生陰陽生陽爲偏。壬水旺爲偏印。壬水衰爲梟神。餘皆倣此。喜七殺生扶。日干旺相。四柱偏印偏官。一派偏氣古怪。亦可取富貴者。不必中和也。

或曰純陰之命。未免發育不全。然天下人才。全憑絕技。石中璞玉。非和氏莫識也。

(五)正財者。甲日見己土是也。陰見陽陽見陰爲正。餘此類推。日主旺而財星强。富而且榮。忌刼才敗才。及干支多見。必家業蕭條。凡事蹭蹬。運逢傷食。名業崇隆。

(六)偏財者。甲日見戊土是也。陰見陰陽見陽爲偏。餘此類推。要身旺才盛爲福。喜食神生財。則利路滔滔。見梟神比肩。格中混濁。智識淹滯。破敗必多。若遇官殺。轉弱爲强。

(七)傷官者。甲日見丁火是也。名爲木火傷官。餘此類推。要日干强。運入財鄉。立成巨富。惡官星。忌印綬。破敗叢生。凡傷官之命。最喜財鄉。富貴榮昌。傷官傷盡。藝精多能。傷官見官。爲禍百端。

(八)食神者。甲日見丙火是也。餘此類推。日干旺。運遇刼才。名利雙輝。若遇梟神。顛沛非輕。流年逢財。災消福來。

（九）刼才敗才者。甲日見乙。乙日見甲。是也。餘此類推。日主强。喜官殺尅之。業振財豐。家道興隆。日主弱。宜助宜幇。運入印鄉。庶事吉祥。日干旺而刼才重。終身剝削不輕。比刼分爭財神。操勞一生。

（十）比肩者。甲日見甲木是也。餘此類推。日主衰。朋比方以類聚。聚者旺。大林之材。助我爲福。日主太旺。奪我之財。手足分爭。反爲不美。運逢七殺。日主衰爲禍。日主旺爲福。

（十一）羊刃者。乃天上之凶星。人命之惡殺。祿前一位是也。甲日祿在寅。羊刃在卯。喜七殺印綬。威鎮邊疆。大忌冲合刑穿。恐遭不測。喜官殺及偏財之鄉。威名顯赫。功業巍巍。家國光榮。蓋可預卜。

（十二）日貴者。有四日。癸卯、癸巳、丁酉、丁亥。須日干旺。財官强。富貴榮華。大忌三刑六害。冲破則終身碌碌。人雖聰明。遇同不遇。

（十三）日德者。有五日。戊辰、庚辰、壬戌、丙辰、甲寅、要皆四柱恬靜。有安常之福。惡官星。憎財旺。并忌臨會合、空亡、魁罡。此數者。乃格中之大忌。有刑不吉。逢冲貧賤。有用不忌。

（十四）日刃者。與陽刃同。有三日。戊午、丙午、壬子。不喜刑冲破害。并忌會合。最愛七殺。威權忠節。運行官鄉。貴而榮顯。若冲合歲君。勃然禍至。

（十五）魁罡者。有四日。壬辰、庚辰、戊戌、庚戌。行運財鄉身旺。發福。大忌刑冲。一見殺官。禍患立至。

（十六）金神者。以甲日爲主。只有三時。癸酉、己巳、乙丑。金神要制伏。入火鄉爲福。四柱見刃殺。眞貴人也。如行西北。危機立至。生命堪慮。

（十七）時墓者。時逢辰戌丑未四時。日主投墓。要刑冲破害方發。若逢三合六合。或官星投墓。非破卽刑。終身不發。

（十八）刑合格者。六癸日見寅卯時是也。此寅刑巳。寅亥合。子刑卯。子丑合。甲寅日。己巳時。亦刑合格也。雖可富貴。惟貪酒色。若見羊刃七殺。災禍必重。橫死無疑。

（十九）曲直仁壽格者。忌見官殺。最怕西方。格破當取用爲妥。

（二十）炎上格者。喜行東南。忌見官殺。逢壬癸破格。當別尋用神。

（二十一）稼穡格者。喜行戊己丙丁之方。忌見官殺。見則非格。當另尋他格。或另行取用。

（二十二）從革格者。喜庚申辛酉戌之運。西方富貴。忌官殺。及見丙丁破格。當另行取用爲妥。

（二十三）潤下格者。喜玄武壬癸亥子丑之方。忌官殺及戊己辰戌未之運。見則須另取用神。

（二十四）月上偏官、時上偏官格者。只要一位。不宜多見。月支要干强。富貴且榮華。忌見食神。見則破格矣。

（二十五）飛天祿馬格者。壬子、庚子、二日。子多冲午。要不見官星。無羈絆。否則減色矣。

(二十六)井欄義格者。只庚子、庚辰、庚申、三日。支會申子辰全者。是此格。卽白虎被潤下之水。文學堪誇。且富且榮。如遇丙丁官殺之運。則不取矣。

(二十七)雜氣財官格者。卽辰戌丑未四月。財官印綬全備。藏畜於四季之中。喜財旺。干透官星。宜冲開庫門。富貴壽攷。如遇食傷三合六合。閉塞庫門。則不發矣。

(二十八)歸祿格者。卽甲日遇寅時。丁日遇午時是也。要四柱中全無一點官殺。青雲得路。功名蓋世。富貴絕倫。見官殺有制伏。能榮顯。祿逢冲破。非災卽禍。見官殺。非此格矣。無財則貧窮。

(二十九)六陰朝陽格者。此卽六辛日干。逢戊子是也。喜行西方。功名顯達。大忌丙丁巳午之運。見財從商富强。若遇午冲。則減色矣。惟辛亥爲最奇。餘則不足奇矣。

(三十)拱祿格者。乃丁巳日見丁未時是也。中拱午祿。餘此類推。清貴忠節。大忌填實。填實則凶甚矣。填實卽午運也。

(三十一)拱貴格者。乃甲寅日見甲子時是也。中拱丑貴。餘皆依此類推。非富卽貴。塡實則凶。

(三十二)印綬格者及雜氣印綬格者。要印透干。福澤濃厚。此二格大忌財鄉。恐遭不祿。遇比刦相救。無損祿壽。

(三十三)六壬趨艮格者。壬日遇壬寅時是也。要壬寅多。大富貴。大忌申冲。禍重財散。

(三十四)六甲趨乾格者。卽甲日逢亥時是也。亥爲天門。北極方位。長生在亥。亥多自然富貴。忌寅巳二字之滅祿見禍。歲運亦同。

(三十五)勾陳得位格者。此係戊己二日干爲勾陳。支遇亥卯未木局爲官星。申子辰水局爲財星。是戊寅、戊子、戊申、己卯、己亥、己未、此六日是也。不必全合。最好各半。忌刑冲殺旺。否則生災矣。

(三十六)玄武當權格者。此係壬癸二日。干爲玄武。支全巳午未火方。或寅午戌火局。則富貴超羣。子平云。壬癸路逕南域是也。此乃水火既濟之功。忌刑冲破害。身弱者不吉。

（三十七）福德格者。只己丑日。支全巳酉丑金局是也。一生福優祿足。忌火鄉。嫌官星幷冲破之運。逢則減色矣。

（三十八）以上則舉其大略。學者須細心探索。詳誦熟玩。熟能生巧。當知玄奧矣。

第八　註繼善篇

人稟天地。命屬陰陽。生居覆載之內。盡在五行之中。

解曰　人稟二五之數以成形。陰陽二氣之所注。居於乾坤之內。流在金木水火土五行之中。

欲知貴賤。先觀月令及提綱。

解曰　月令乃八字綱領。要知日干之旺衰。格局無破。用神得力。富貴福祿。衰弱無氣。尅制太過。非貧即夭。

次斷吉凶。專用日干爲主。本三元要成格局。四柱喜見財官。

解曰　天干爲天元。地支爲地元。支中所藏爲人元。年月日時爲四柱。八字喜見財官。

用神不可損傷。日主最宜健旺。

解曰　假如用財忌刼。用官忌傷。依此類推。百不失一。日主堅强。豈懼財官。

年傷日干。名爲主本不和。

解曰 假如日主甲乙。年見庚辛。此乃父子不相和。骨肉莫能容。須背鄉離井爲佳。

歲月時中。大怕殺官混雜。

解曰 四柱中有官見殺曰混。或合官用殺。或合殺留官。濁處顯清。非富卽貴。

取用憑於生月。當推究其淺深。發覺在於日時。要消詳於强弱。

解曰 假如生子月。取子中癸水是也。倘遇己尅。另尋他格。不可執一。

官星正氣。忌見刑冲。

解曰 官星乃貴氣之物。大忌殺混遇傷。或刑冲破害。

時上偏才。怕逢兄弟。

解曰 如甲日生人遇戊辰時。天干不能再見甲乙木是也。

生氣印綬。利官運。畏見財鄉。

解曰　甲日生人遇亥子壬癸爲印。行官運生印則吉。逢財運破印則凶。

七殺偏官。喜制伏。不宜太過。

解曰　甲日見庚爲七殺。旺爲偏官。要丙火制伏。然不宜制之太過。

傷官復行官運。災來不測。羊刃冲合歲君。勃然禍至。

解曰　甲日見辛金爲正官。行傷官運。防不測之災。見卯爲羊刃。逢酉冲戌合。則禍非輕。

富而且貴。定因財旺生官。

解曰　日主强。傷官生財者富。財旺生官者貴。

非夭則貧。必是身衰遇鬼。

解曰　如甲木秋生。官殺太重者是也。

六壬生臨午位。號曰祿馬同鄉。

解曰　壬日以丁火爲財。丁己祿在午。故曰祿馬同鄉。大忌子冲丁合。遇則貪花好色。

癸日坐向巳宮。乃是財官雙美。

解曰　癸日以戊爲官。丙爲財。巳中藏丙戊。故曰財官雙美。

財多身弱。正爲富屋貧人。

解曰　甲日生人而土重。則外美内虛。故曰富屋貧人。

以殺化權。定顯寒門貴客。

解曰　大抵以七殺化爲偏官。冬月壬殺。遇巳午火土制殺。乃寒門之貴客也。

登科甲第。官星臨無破之宮。

解曰　如正氣官星高透。日干旺強。見財生者是也。惡傷官尅破。

納粟奏名。財庫居生旺之地。

解曰　此乃其財入庫。逢沖開身旺爲奇。

官貴太盛。纔臨旺處必遭傾。

解曰　甲乙日干。見庚辛而遇巳酉丑全局。更行旺地不吉。

印綬被傷。倘若榮華也不久。

解曰如用印忌財者是也。印綬見財。愈多愈災。貪財壞印之故。

有官有印。無破作廊廟之材。

解曰有官有印。乃雜氣所藏。忌見傷官財星。見則爲禍不淺。

無官無印。有格乃朝廷之品。

解曰正氣雜氣。財官印綬爲貴格。乃富貴之命。

名標全榜。須還身旺逢官。得佐聖君。貴旺冲官逢合。

解曰身旺逢官。又行財運。必登科及第。如飛天祿馬之類。位極人臣。

非格非局。見之焉得爲奇。身若遇官。得後徒然費力。

解曰四柱財官見尅。非格非局。縱行官運。榮華不久。

小人命內。亦有正印官星。

解曰用印忌財。用官怕傷。四柱中雖有印綬官星。遇損傷反凶。而爲小人。

君子格中。也犯七殺羊刃。但不得爲用。

解曰 七殺有制化官。羊刃無冲合極貴。豈不爲君子乎。

爲人好殺。羊刃必犯于偏官。

解曰 癸見丑爲刃殺同宮。逢冲合。專行誅戮。人多凶惡。

素食慈心。印綬終逢於天德。

解曰 命中犯凶神惡殺。遇天月二德。諸凶迴避。爲人素食慈心。

生平少病。日主高强。

解曰 日干旺。財官印全者。生平少病。

一世安然。財命有氣。

解曰 此卽財妻也。祿馬助我。日干强旺。無刑冲者。一世安然。

官刑不犯。印綬天德同宮。

解曰 此爲印生我也。與天德同宮。無冲破者。一生不犯官刑。

少樂多憂。蓋因日主自弱。

解曰 此論日主衰弱。財官並見。官星投墓。一生少樂多憂。

身强殺淺。假殺爲權。

解曰假如丙丁生於夏天。七殺透干。名曰假殺爲權。

殺重身輕。終身有損。

解曰此論如日主水。而土太重者是也。太過無剋制者。防夭折。

衰者變官爲鬼。旺者化鬼爲官。

解曰此論殺卽爲鬼。旺爲偏官也。假如春生戊土。逢甲木作偏官。非七殺。餘倣此。

月生日干。運行不喜財鄉。

解曰生我者爲印。逢財則破印遭禍矣。

日主無依。却喜運行財地。

解曰甲乙春生。無財官。行運遇財爲佳。

時歸日祿。生平不喜官星。

解曰此論歸祿格。忌見官殺。否則作非格論。遇制伏無妨。

陰若朝陽。切忌丙丁離位。

解曰此論六陰朝陽格。卽辛日逢戊子時。大忌見火破格。行運亦然。

太歲乃衆殺之主。入命未必爲災。若遇鬥戰之鄉。必主刑于本命。

解曰 太歲爲一年之主。衆殺之首。遇靜則吉。逢冲則凶。

歲傷日干。有禍必輕。日犯歲君。災殃必重。

解曰 庚日丙年。有禍必輕。太歲冲日主。災殃必重矣。

五行有救。其年反必見財。四柱無情。故論名爲尅歲。

解曰 此乃日犯歲君。若五行有救。其禍減半。反招其財。若無食神救之。乃四柱無情。以下犯上。故曰尅歲。

庚辛來傷甲乙。丙丁先見無危。

解曰 甲乙日干。逢庚辛來傷我。見丙丁來救之。轉禍爲福。

丙丁反尅庚辛。壬癸遇之不畏。戊己愁逢甲乙。干頭須有庚辛。壬癸慮遭戊己。甲乙臨之有救。壬來尅丙。須要戊字當頭。癸去傷丁。極喜己來相制。

解曰 此生尅制化也。無傷不貴。去病爲奇。

庚得壬男制丙火。可作長年。甲以乙妹妻庚金。凶轉吉兆。

解曰　庚金畏丙火。有壬救無妨。甲懼庚。乙爲庚妻。逢凶化吉。

天元雖旺。若無依倚是常人。日主太柔。縱遇財官爲寒士。

解曰　日主旺而財官印綬不顯。普通常人。日主太弱。雖遇財官。無力享受。乃是寒士。

女人無殺。帶二德。作二代之封。

解曰　女人最忌七殺。有官星無破。逢天月二德。可享夫子兩代之祿。

男命身强。遇三奇。爲一品之貴。

解曰　日主强。三奇卽財官印全者。非富卽貴。

甲逢己而生旺。定懷忠正之心。

解曰　甲木逢己。化土生旺。爲人富貴榮華。威權忠正。

丁遇壬而太過。必犯淫訛之亂。

解曰　此妬合太過。爲人好酒貪花。

丙臨申位。逢陽水難獲延年。

解曰 詩曰。丙臨申位火無烟。陽水逢之命不堅。若得戊土來相救。轉禍爲福反延年。

己入亥宮。遇陰木。終爲損壽。

解曰 己亥日主。忌見乙木。逢辛金救之不礙。

庚值寅而遇丙。主旺無危。

解曰 庚寅日元。四柱丙多則險。遇印綬。有救無危。

乙遇己而見辛。身衰有禍。

解曰 乙己日主。見辛多不吉。身衰有禍。見壬獲福。

乙逢庚旺。常存仁義之風。

解曰 乙逢庚旺化金。存仁義之風。

丙合辛生。鎮掌威權之職。

解曰 丙辛化合日主旺。定掌威權之職。

乙木重逢火位。名爲氣散之文。

解曰乙日主。生於午而丙丁多見。則泄氣太過。故曰氣散之文。若木旺火明。文學堪誇。

獨水三犯庚辛。號曰體全之象。

解曰壬日見庚辛三金。乃金清水秀。富貴命也。

水歸冬旺。生平樂自無憂。

解曰壬癸日主。產于冬令。四柱財官並美。必主樂自無憂。

木向春生。處世安然有壽。

解曰甲日生於寅卯月。身強。爲人定延年壽。

金弱遇火之地。血疾無疑。

解曰金日生巳午之月。金敗火旺。血疾無疑。

土虛逢木旺之鄉。脾傷定論。

解曰戊己土生寅卯月。防肝胃之疾。

筋疼骨痛。蓋因木被金傷。

解曰甲乙生於秋。有筋疼骨痛等症。

眼昏目暗。必是火遭水尅。
解曰丙丁日主無氣。產冬令。火遭水尅。必傷神明。
下元冷疾。必是水值火傷。
解曰此論水衰火旺。火水未濟。上下倒置。下元有疾。
金逢艮而遇土。號曰還魂。
解曰庚絕於寅。寅中有戊。得土生金。故曰還魂。
水入巽而見金。名爲不絕。
解曰壬水絕于巳。巳爲庚金長生。金能生水。故曰不絕。
土臨卯位。未中年便作灰心。金還火鄉。雖少壯必然挫志。
解曰己土生卯。號爲病鄉。戊土生卯。厄於沐浴。未至中年。作事灰心。五行有救。又作別論。
金木交差刑戰。仁義俱無。遞互相傷。是非日有。
解曰不仁不義。庚辛與甲乙爭鬥。
木從水養。水盛而木則漂流。

解曰木喜水。忌太多。多則漂流。

金賴土生。土厚而金遭埋沒。

解曰庚辛日干。忌土重。有木救無妨。

是以五行不可偏枯。務稟中和之氣。更須絕慮忘思。鑑命無差誤矣●

第九　喜忌篇簡易註解

四柱排定。三才次分。專以日上天元。配合八字支中。

（按）四柱卽年月日時。三才乃天干地支支藏是也。專以日干爲主。觀其財官印綬。五行生尅以判富貴貧賤。要以四柱居生旺之地爲富貴。衰弱之地爲貧賤。此爲學命之綱領。

有見不見之形。無時不有。

（按）甲干以辛金爲官星。由寅內丙火逢申冲。辛金被合。辛官不能爲我用。若卯冲酉。而遇巳酉丑合之。卯木未損爲我助。妻財子祿。父母兄弟。有見不見。乃支中無時不藏之也。

神殺相絆。輕重較量。

（按）神卽貴人。殺乃七殺。細察提綱之深淺。次究官殺之去留。或合官留殺。或合煞用官。貴人安靜。不犯刑冲。官殺不混。方始爲福。

時逢七殺。見之未必爲凶。日主旺强。其殺反爲權印。

(按)即時上一位貴格。要獨殺澄清。別宮不見。日主旺盛。富貴榮華。若干支重見。或投庫空亡。一生碌碌。艱苦備嘗矣。

財官印綬全備。藏蓄於四季之中。

(按)此即雜氣財官格。逢辰戌丑未月四季生人。藏官爲我官星。干透所藏。何時爲福。則運入財鄉必發。忌制伏太過。過必貧賤孤苦。

官星財氣長生。鎮居寅申巳亥。

(按)財官生旺於四孟。須合爲福。如冲則貧。金長生巳。木長生亥。水長生申。土火長生寅。大忌刑冲。

庚申時逢戊日。名爲食神干旺之方。歲月犯甲丙寅卯。此乃遇而不遇。

(按)此爲食神格。丙戊日祿在巳。又名合祿格。富貴福壽也。若逢甲尅戊。丙制庚。寅卯地支戰鬥。此爲遇同不遇。

月生日干。無天財。乃印綬之名。
(按)此即印綬格。生日干者是也。護我官星。忌見傷官財鄉。及死絕空亡之運。
日祿居時。沒官星。號曰青雲得路。
(按)此即歸祿格。四柱須不見一官殺。行運逢食傷之鄉。則名顯利達。見官貧賤。逢殺滅色。
陽水叠逢辰位。是壬騎龍背之鄉。
(按)此即魁罡。辰多主貴。寅多主富。大忌冲破。否則破祖離鄉。如遇申子。富貴非常。
陰木獨遇子時。爲六乙鼠貴之地。
(按)乙木向陽。子水潤澤。花菓滿樹。富貴榮昌。忌遇午冲。遇則貧賤無依。行運流年亦然。
庚日全逢潤下。忌丙丁巳午之方。時遇子申。其禍減半。
(按)此爲井欄義格。只有庚子庚辰庚申三日。地支全水局。不必三庚字。得三庚尤妙。文學堪誇。清名顯達。喜行東方。富貴雙全。忌行寅午戌。丙丁火局。否則破格反貧。

若逢傷官月建。遇凶處未必爲凶。

（按）此爲傷官格也。傷官傷盡。見財爲富。傷官見官。爲禍百端。爲人傲物氣高。可以斷言。

内有正倒祿飛。忌見官星。亦嫌羈絆。

（按）此爲丁巳日。巳字多冲出亥中壬水。爲丁日官星。或辛癸日亥時。多冲出巳中丙火戊土。爲辛癸日官星。正飛天祿馬之格也。忌見壬癸辰巳。以皆爲官星所羈絆。見則減色矣。歲運日月亦同。

六癸日時逢寅位。歲月怕戊己二方。

（按）此刑合格。癸日遇寅時是也。用寅刑出巳中戊土之正氣官星。而爲貴命。忌見庚申。見則爲禍不淺。

甲子日再遇子時。畏庚辛申酉丑午。

(按)此爲子遙巳格。取巳中庚金官星爲貴。入金鄉以充之。見丑爲羈絆。見午則冲破。不能取此格矣。

辛癸日多逢丑地。不喜官星。歲時逢子巳二宮。虛名虛利。

(按)此丑遙巳格。以辛丑癸丑二日爲主。丙戊祿在巳。忌塡實巳位。見子丑合而被羈絆。丑不能遙矣。須申酉中得一字爲妙。

拱祿拱貴。塡實則凶。

(按)此拱貴拱祿兩格也。虛拱貴祿。榮顯富福。切忌塡實。假如甲寅日甲子時。拱丑貴人。丁巳日丁未時。拱午祿位。四柱行運。皆忌塡實。否則凶矣。

時上偏才。別宮忌見。

(按)此爲時上偏才格。四柱只要時上一位。別宮忌見財星及比肩。見則破格矣。

六辛日逢戊子。嫌午未位。運喜西方。

(按)此六陰朝陽格也。辛金至亥。爲六陰盡處。一陽復生。只辛亥爲準。其餘非真格也。忌丙丁巳午之方。如火尅金。則破格矣。

五行遇月支偏官。歲月時中亦宜制伏。類有去官留殺。亦有去殺留官。四柱純雜有制。定居首領之榮。略有一位正官。卽官殺混雜。反爲賤矣。

(按)此偏官格也。要四柱中。全無一點官星。方以爲貴。若見官星。合官留殺不妨。官殺混雜。清中帶濁。必困窮矣。

戊日午時。勿作刃看。時歲火多。却爲印綬。

(按)此印綬格也。祿前一位。陽位有刃。陰位無刃。如見財鄉。反爲禍水。

月令雖逢建祿。切忌會殺爲凶。

(按)此建祿格也。建祿生提月。財官喜透天。不宜身再旺。惟喜茂財源。如果七殺混雜。淪爲貧賤。身旺無財者。非僧卽道。女命非娼妓。卽師尼也。

官星七殺交差。却以合殺爲貴。

(按)此乃合官不貴。合殺爲貴。假如日干甲木。庚金爲七殺。支中見卯。卯中乙木合庚。爲合用之偏官。如相混刑冲。則不吉利。

柱中官星太旺。天元羸弱之名。

(按)大抵人生以祿馬爲貴。以中和爲宜。偏枯爲貧。若官星太旺。行官運爲禍匪輕。四柱中官星既多。有制伏則妙。太過則因禍而恐損軀。

日干旺甚無依。若不爲僧卽爲道。

(按)此爲年月日時皆旺。四柱不見財官。假如庚日生人。月時皆申。再行酉運。火爲金官星。火至酉死。木爲金財星。木至申絕。財官無氣。旺極無依。斷爲僧道之命。其何能辭。

印綬生月歲時。忌見財星。運入財鄉。却宜退身避位。

(按)生日主者。印綬也。遇財則印破。爲禍不淺。

劫財羊刃。切忌時逢。歲運併臨。災殃立至。

(按)劫財比肩。分爭財神。羊刃祿前一位。日主旺爲禍不淺。日干弱者則無妨。

十干背祿歲時。喜見財星。運至比肩。號曰背馬逐馬。

(按)何謂背祿。辛日得酉爲祿。遇己丙爲背。以己臬丙合。申見寅爲財。申子辰馬在寅。甲以土爲財。金至寅乃絶。此金馬既不扶身。馬劣財微。實宜退身避位。

五行正貴。忌刑冲尅破之宫。

(按)正氣官星者。提綱之要用。時上財氣。庚乃貴人也。忌刑冲尅破之神傷之。

四柱干支。喜三合六合之地。

(按)凡干支三合六合者。乃陰陽交泰。一生安閑快樂。忌刑殺之冲破也。

日干無氣。時逢羊刃不爲凶。

(按)甲申日。遇卯時。申中庚金能合乙木。故不爲凶。

官殺兩停。喜者存之。憎者棄之。

(按)甲日用辛爲官。又見庚殺相混。乙木合庚爲我用。所喜則留之。或見丙以制庚。憎者去之。

地支天干合多。亦云貪合忘官。

(按)甲用辛官。見丙貪合。見庚則殺。而又逢乙合。則陰陽怪悖。爲害不淺。喜去殺留官以爲福。

四柱殺旺運純。身旺爲官必清貴。

(按)此七殺。卽偏官也。喜制伏而不宜太過。甲以庚爲殺。地支得寅。寅中丙火制之。身旺爲官清貴。

凡見天元太弱。內有弱處復生。

(按)日主自坐官殺。爲人元以弱處生扶。復生日干。假如甲日坐申。申中庚金尅甲。得申中壬水。生扶弱處。故復生矣。

柱中七殺全彰。身旺極貧。

（按）如乙酉、乙卯、乙酉、乙酉。雖天元一炁。而三殺相尅。身旺極貧矣。見火則無妨。

無殺女人之命。一貴可作良人。

（按）女命專論財官。日主中和。財旺官者富福。官星遇貴人。夫主清貴。其人必四德兼全。賢明無匹。

貴衆合多。定是師尼娼婢。

（按）貴者官殺也。官爲正夫。殺爲偏夫。貴人多暗合三合六合。非女命之福。而爲師尼娼婢矣。

偏官時遇制伏。太過乃是貧儒。

（按）偏官主人聰明。有剛强傲物之性。四柱中制伏太多。則終身貧寒矣。

四柱偏官。運入官鄉必破。

（按）偏官旺。日主衰。見官有禍。運入財鄉必發。

五行絕處。卽是胎元。生日逢之。名曰受氣。
（按）查四柱用神之不力。以胎元而補救之。是以陰陽莫測。不可一例而推。務要稟得中和之氣。以分貴賤。應將古聖賢書。博而約之。明乎此法。萬無錯誤矣。

第十　五行司令篇

正月建寅

立春節交進作正月始。前七天戊土司令。次七天丙火司令。後十六天甲木司令。此爲五行極旺值權之時。乃青帝司權。

二月建卯

驚蟄節交進爲二月始。前十天甲木司令。後念天乙木司令。乃係青帝司權。

三月建辰

清明節交進爲三月始。前九天乙木司令。次三天癸水司令。後十八天戊土司令。黃帝司權。

四月建巳

立夏節交進爲四月始。前五天戊土司令。次九天庚金司令。後十六天丙火司令。五行再旺。赤帝司權。

五月建午

芒種節交進爲五月始。前十天丙火司令。次九天己土司令。後十一天丁火司令。赤帝司權。

六月建未

小暑節交進爲六月始。前九天丁火司令。次三天乙木司令。復十八天己土司令。五行再旺。黄帝司權。

七月建申

立秋節交進爲七月始。前七天己土司令。次三天戊土司令。再三天壬水司令。後十七天庚金司令。五行再旺。白帝司權。

八月建酉

白露節交進爲八月始。前十天庚金司令。後二十天辛金司令。五行再旺。白帝司權。

九月建戌

寒露節交進爲九月始。前九天辛金司令。次三天丁火司令。後十八天戊土司令。五行再旺。黃帝司權。

十月建亥

立冬節交進爲十月始。前七天戊土司令。次五天甲木司令。後十八天壬水司令。黑帝司權。

十一月建子

大雪節交進爲十一月始。前十天壬水司令。後二十天癸水司令。黑帝司權。

十二月建丑

小寒節交進爲十二月始。前九天癸水司令。次三天辛金司令。後十八天己土司令。黃帝司權。

第十一　滴天髓條目篇

嘗觀滴天髓云。**能知**衰旺之真機。其於三命之奧。思過半矣。因其旺者宜洩宜傷。衰則喜助喜幫。此卽子平之理也。然旺中有衰者存。不可損也。衰中亦有旺者存。不可益也。夫旺之極者不可損。以損在其中矣。衰之極者不可益。以益在其中矣。至於弱不當損者而損之。反凶。强不當益者而益之。反害。如此真機。若皆能知之。何難於詳察三命之微奧焉。茲余列談命理之條目如下。

（一）爲八格。財官印綬分偏正。兼言食傷八格定。影響遙繫既爲虛。雜氣財官不可拘。因道有體用。不可執其一端。要在扶之益之。得其相宜。一清到底有精神。管取生平富貴真。澄濁求清清得去。時來寒谷也回春。滿盤濁氣令人苦。一局清苦也苦人。半濁半清猶是可。多成多敗度晨昏。令上尋真聚得真。假神休要亂真神。真神得用平生貴。用假終爲粟碌人。真假參差難辯論。不明不暗受遭迍。提綱不與真神照。暗處尋真也不真。
(二)爲四要、剛柔不一也。不可制者。引其性情而已。順逆不齊也。不可逃者、順其氣勢而已。天道有寒暖。發育萬物。人道得之不可過也。地道有燥溼。生成品彙。人道得之不可偏也。
(三)爲地支動靜。生方宜靜墓宜開。敗地逢冲仔細推。(寅申巳亥爲長生。宜靜。子午卯酉爲敗地。旺可冲。衰則不可冲。辰戌丑未爲四庫。喜冲而不宜合。)辰支則以冲爲重。刑與穿矣動不動。衰則冲旺旺必發。旺則冲衰衰必拔。
(四)爲富貴。何知此人富。財氣通門户。(此乃日干旺。傷官食神生財者是也。)何知此人貴。官星有理會。(此乃日干旺。一官獨透。財旺生官者是也。)
(五)爲用神宜忌。用食忌梟喜刼。用印忌財喜官殺。用財忌刼喜傷食。用梟忌偏才喜殺。用官忌傷喜財生。用傷忌印喜比刼。用殺忌食喜偏才。用比刼忌官殺喜印綬。

（六）金神則有三時。卽癸酉、己巳、乙丑。（此格只取三時。）喜走南方火地發跡。火運大發。金神乃破敗之神。要制伏。有剛斷明敏之才。崛强不可馴伏之志。有火局便爲貴。命入水鄉。終身潦倒。

（七）爲日刃。戊午、丙午、壬子。（此三日皆羊刃也。）喜七殺。富貴雙全。遇冲合歲君。勃然禍至。羊刃透官殺。威鎭邊疆。刃無殺不顯。殺無刃不威。刃殺兩全。榮華顯達。惟防斷弦之嘆。

（八）爲日貴。丁酉、丁亥、癸巳、癸卯。（此四日是也。）忌刑冲破害。喜壬戊官星。非富卽貴。

（九）爲天赦日。春戊寅。夏甲午。秋戊申。冬甲子。

（十）爲進神日。甲子、甲午、陽進神。己卯、己酉、陰進神。（忌刑冲。）男逢進神多顯宗。女逢進神帶金飾。

（十一）爲胞胎。（計日有六）戊子爲陽。見丁火正印成格。丙子爲陽。見乙木正印成格；己亥爲陰。見丙火正印成格。丁亥爲陰。見甲木正印成格丁亥因大敗。喜財官。壬午逢印綬。忌刑冲破害。癸巳、忌刑沖破害。逢印綬。祿享千鍾。忌見財星。

(十二)爲十惡大敗日。甲辰、乙巳、壬申、丙申、丁亥、庚辰、戊戌、辛巳、癸亥、己丑、見財反成富。見官必成貴。無財官。倉庫金銀化灰塵。

(十三)爲四季廢日。春庚申、辛酉。夏壬子、癸亥。秋甲寅、乙卯。冬丙午、丁巳。

(十四)爲四局桃花。(以年庚爲主。)寅午戌年見卯時。申子辰年見酉時。亥卯未年見子時。巳酉丑年。見午時。惟忌刑合。

(十五)爲流霞殺。(看日干逢時。)男尅妻。女產亡。例如甲日見酉時。己日見午時。乙日見戌時。壬日見亥時。丙日見未時。癸日見寅時。丁日見申時。庚日見辰時。戊日見巳時。辛日見卯時。

(十六)爲六甲無祿日旬空亡。甲辰旬中乙巳爲無祿。甲戌旬中申酉空。庚辰辛巳二日爲無祿。

(十七)爲長生文昌。丙戊日長生在寅。文昌在申。丁巳日長生文昌在酉。庚金長生在巳。文昌在亥。辛日文昌長生在子。壬日長生在申。文昌在寅。癸日長生文昌在卯。不論男女陽順陰逆為標準。除長生外。尚有所謂沐浴、冠帶、臨官、帝旺、衰敗、疾病、死地、墓庫、絕處、胎元、養育、等名詞。茲姑去繁就簡。舉例如下。運到長生之地。主人身體健康。營業生輝。運到臨官帝旺之地。主人快樂。財丁並茂。運行衰病之鄉。多招事非。破財死絕之地。骨肉分離。破耗不輕。胎養之地。沉湎酒色。荒業廢事。墓庫逢冲則發。遇合多困。

第十二　女命四檢篇

何謂四檢。一曰富貴。二曰貞潔。三曰淫蕩。四曰貧賤。推算女命。實與男命。有所不同。雖際此時代變遷。潮流趨轉。對於命學。看法固當稍異。縱云女子亦可參政。男女已號平權。惟順逆陰陽。性情各別。天然特殊者。是故女命先看財官。財旺生官者則富。傷官傷盡得歸祿者則貴。官殺混雜。多合者淫。財官俱無。局清者貞。子午卯酉刑合者賤。財官俱無印多者貧。日逢天月二德。財官食三全者賢。母儀足風。且夫榮子貴。文昌兼食神生財者智慧。文學堪誇。金清水秀。見財殺透者則伶俐。善於調度。才幹練達。人必聰敏秀麗。可許交際之花、日主太弱。而見官星投庫者。一世勞苦。官星不得氣。七殺强旺。比肩多者。春色並分。必遭其夫之遺棄。竟賦仳離。女命七殺暗藏。財星高懸年月。定必富出紅樓。月支七殺暗合。主僕戀愛通奸。官星弱而殺强。奸夫鳩占。傷官高透而佩印。傷盡者。智勇雙全。

女掌男權。可以自謀生活。日逢天醫。兼臨二德者。向醫學發展。博愛濟衆。傷官傷盡者。以藝術揚聲。羊刃假殺。文昌吐秀。應推法政聞人。金水傷官而見官。面貌秀麗。淫蕩半生。性情驕傲。只愛奢華。不顧家道。冬水旺而木盛逢合。爲人輕佻。眼光如水。荒蕩不貞。非娼卽妓。官星臨長生。財旺者。富而且貴。七殺遇羊刃。其人心直口快。不畏强暴。女界英雄。總之官星得氣。財生者富貴。傷官見官。梟神奪食者。喪夫刑子。無財之命。操勞工作。身旺太過。貴人多而逢合。華蓋臨空亡者。乃佛門夙具根源。官星逢刑。夫婦定然不睦。七殺暗合。眼邪必重私情。財官並美。官星逢冲。守寡貞潔之人。傷官金神魁罡。其人傲而性正。有制伏。亦能幇夫興家。此則舉其大略。不可執一而推。必須深究衰旺。方免錯誤也。

第十三　陰陽順逆五行篇

時有古今。理無新舊。陰陽五行。化生萬物。吾已詳言之。亦人所盡知者。第其順逆。與夫玄妙。蓋爲自然之理。茲更申論之。如乾道成男。坤道成女。乾爲天屬陽。坤爲地屬陰。此陰陽之最著者也。尚有陽中之陰謂少陰。陰中之陽謂少陽。此謂四象者也。推而動物有陰陽。植物亦有陰陽。卽礦物亦莫不有陰陽。而人爲萬物之靈。豈無陰陽以相生相長耶。故有父母。有夫婦。而家道成。謂非陰陽歟。再按命中之五行。自有陰陽寓於其間。苟不辨陰陽之何若。則生尅之真相。何從而悉耶。今有星家者。不揣本末。竟決人休咎。譬若盲人之指人以途徑。豈不謬哉。所以提綱爲看命之關鍵。究其司令。明其衰旺。無過不及。五氣三才。佈置謹嚴。取予穩妥。復以陰陽順逆。輕重較量。發人元所藏之祕奥。然後決人禍福。未有不明而易曉也。余乃曰。夫禀厚而壽。禀弱而夭。倘弱中可取其妙者。何言夭乎。如强中而遇損。何言壽乎。放觀天地之間。充滿在氣。六淫以內。用舍存人。然人之命內。主要者。卽生尅制化。其運用之妙。惟存乎心。其可執一論耶。究之富貴貧賤。窮通壽夭。領會圓融。真相斯得。或以五行中和清秀之命。宜若富貴壽考。然或因一方面之强。能順其氣。卽甲乙寅卯辰之類者。固出類拔萃。冠冕人倫。或因旺之太過。無用足取者。或因衰弱不及。實逼處此者。斷爲貧賤窮夭之命。誰曰不然。甚或有同一八字。生於南方。生於北地。產在山鄉。產在水涯。其榮枯蓋不可道里計也。然則五行之變幻。實屬令人莫測。故談命理者。豈可執一乎。要得中和而安排之。他若偏奇古怪。石中有美玉之藏。閉蟄固封。海底現明珠之象。外弱內盛。富貴志伸霄漢。外强內敗。貧勞身落天涯。剛柔並濟。市朝發跡必無疑。潤澤陰陽。富貴延年當足慶。此中奧妙。如非深考人元。烏能應對餘裕乎。假如辰月生人。內藏乙木癸水戊土。以判人吉凶。始無錯誤。學命者能窮其理。始可無失也。

第十三　陰陽順逆五行篇

第十四 命理問答篇

若云虛妄。何以傳數千年。不能磨滅。豈盡受其愚蒙者耶。如果全靈。則命之富貴壽考。可以不勞而獲。放僻邪侈。無所不爲。且假是道以眩人。更如星羅棋布。尤難識別。或曰命理之說。究可靠乎。抑虛妄乎。玄真子答曰。要以精於命學者。考以五行生尅之理。陰陽順逆之機。去留舒配。喜愛宜忌。脈絡貫通。取用無誤。然後談言準確。推算富貴壽夭。自然十有九驗。第亦在聽者之修養何若耳。或曰古時爲人推命者實希。今日之業此者甚衆。評論命運。各執一辭。使問津者。愈覺懷疑。致人漠視而不重。其故何歟。答曰。古今著書。代有人出。已不啻汗牛充棟。讀其書者。雖極頂聰明。窮畢生之力。猶不能瀏覽。而況著書者。未免各得一體。豈能純粹。且習之者。資力未充。或聊得皮毛。或妄談休咎。此執斯業者。日益多。而問道者。愈覺從違莫決矣。然則奈何。吾謂星家貴乎精參。尤須閱歷。當察風物之關係。不可執泥而斷。若非然者。智者有所不信。愚者又不及知。是以驗之者卒鮮也。或曰命理正宗云。取用憑於生月。次觀衰旺。且用神不可損傷。日主最宜健壯。其理然乎。答曰。取用憑於生月。取其旺也。然須參考四柱衰旺。不能執一而論。不及喜生扶。太過宜傷洩。剝之削之以爲奇。生我扶我以爲忌。有命向而運背。有運背而命向。窮通壽夭。精心探討。窮本究源。始免錯誤也。或曰。傷官生財者富。傷官無財者貧。惟某命傷官生財。何不富而貧。而某命傷官無財。何其富厚焉。其命不亦謬乎。答曰。日主弱傷官洩氣。而生財太過。何富之有。日主强。傷官生財者。必富無疑。傷官無財而致富者。傷多遇印也。或曰。煞印相生。榮華顯達。何其某命竟貧寒孤苦。又奚說歟。答曰。中和爲貴。偏苦爲貧。或官煞相混。或貪財壞印。或旺而太過。或衰而不及。察其衰旺。明其司令。去留舒配。百不失一。或曰。成格則貴。破局則貧。何某命爲蝴蝶雙飛。從革炎上。皆不貴而且貧。又有說歟。答曰。蓋格成而運逆。或命優而運劣。或身弱無氣。成格不奇。或時刻錯誤。遇同不遇。須細考三元。詳參四柱。深究衰旺爲宜。破局有用無妨。亦能實業興家。果可致富也。或曰。刃殺兩全。非富卽貴。刃無殺不顯。殺無刃不威。何以某命刃殺兩全。致終身碌碌。何以某命有刃無殺。富貴康强。其理何歟。答曰。身弱逢羊刃則爲奇。無殺亦能榮顯。身强遇七殺則爲貴。無刃定必富豫。刃殺兩全。燥炎太過。無制服。何能發跡。又加刦財正官。以致貧寒無依。理固然焉。或曰。財旺生官者貴。何某命財旺生官。不貴反貧。何某命傷官見官。貴而且富。希有以語我。答曰。財旺生官者。日强必貴。逢刦傷則貧。傷官見官者貴。官多喜傷。才多喜刦。須察其旺衰。考其强弱。定不誣矣。或曰。女命官殺相混。皆曰不貞。傷官見官。定必尅夫。何某人官殺相混。賢聲卓著。頌其相夫有方。何某命財旺生官。夫子無依。其又何說。答曰女命以官殺爲夫星。傷食爲子女。以柔順爲貴。以剛愎爲刑。合官留殺。或去殺留官。傷官見官。見印無妨。財旺生官。遇殺無依。逢印梟而喪子女。見財無妨。遇食多而子女成羣。見梟不忌。五行衰旺生尅。宜察其細微。學命者不可以其近而忽之焉。

第十五　益損篇

何以謂之益。益者。益其不及也。若甲木之死於午。若壬水之死於卯。皆爲不及。則宜扶助之。且如木氣之本衰。而戊己又來尅水。則水木不及之病。由此可見矣。益者之理當何如。譬木之不及。而行水運以滋其根本。或木運以茂其枝葉。譬水之不及。或行金運以潤其源。或行水運以調其涯。若官星之氣不足。則喜官旺之鄉。財星之氣不足。則喜財旺之地。亦猶人身血氣不足。宜用溫補之劑。以藥其虛弱也。是以八字貴有益以濟之。

何以謂之損。損者。損其太過也。若木生震位。（卽卯木。）正木氣之當權也。金產兌卦。（卽酉金。）正金神之得位也。當權也不宜資助。得位者不必生扶。（若水之生木。土之培金。）若木有餘。應用金以制之。金氣有餘。用火以尅之。官星之氣有餘。則損其官星。財星之氣有餘。則損其財星。譬如人身元氣太旺爲病。當以平氣之藥濟之。病必用藥。藥以愈病。故評八字者。明乎損益。斯爲得之。

第十六 修心篇

夫心爲身之主。故心卽神也。未嘗有心外之神。心卽天也。未嘗有心外之天。故天定固勝人。而人定亦可勝天。此聖人垂訓。壹是皆以修身爲本。若果心能正。心能修。而虛靈不昧。具萬事。應萬物。復其本體之明。而後以吾道感人。廉頑立懦。各得其正。雖或有禍。而爲所格。自然轉福矣。反之。莫不危亡也者。此謂自求多福。傳有之。時準命不假。陰騭最難評。文帝曰。家富提攜親戚。歲饑賑濟鄰朋。如斯言者。不可勝數。要皆勸善而懲惡也。或曰。吾輩生於競爭之秋。機械滿握。城府盈胸。謀生不易。何有餘力。用以濟人。余曰。子第知其一。未知其二也。董昭救蟻。毛寶放龜。豈其感曾破費耶。還紋犀之帶。縱蘆葦之英。固皆惠而不費。而垂千禩者耶。如此類者。又指不勝屈。第一爲修口過。讀論語興邦喪邦。一言之下。駟不及舌。可不戒慎恐懼乎。第二見道路爭鬥。鄰里乖離。夫婦戈矛。弟兄箕豆。必須解紛排難。使其擇善避邪。此亦僅竭我心思。無甚化費者也。其他如除當途之瓦石。翦礙道之荆榛。爲長者折枝。非不能也。惻隱之心。人皆有之。久而久焉。人一己百。人十己千。正人心。厚風俗。功德之大。不可形容矣。況貧者修心行善。與富人較。或賤者修心行善。與貴人較。其勢力範圍。雖不能敵。然其功德。反比之富貴者。或相什百。或相千萬。如能明乎斯理。雖家徒四壁。修心者亦樂爲之。王詡子曰。窮達由命。禍福有時。趨吉避凶之祕。世人知者甚鮮。茲簡言之。以供同好。蓋趨避全憑生尅。如火命北方有災。中央可避。以土尅水之故也。如水命中央有災。東方可避。以木尅土之故也。如土命東方有災。西方可避。爲金尅木之理。如金命南方有災。北方可避。爲水尅火之理。綜之小災可避。大祲雖難逭。然而作善降祥。未始無補救之餘地。否則大過奪紀。須減壽十二年。小過奪算。須減祿一百天。從古所傳。豈欺我哉。余乃曰。消長盈虛之迹。全在心田。實能損益人生之壽祿。蓋人之八字。雖有一定。終身不變。然以心田之善惡。因此與之共事者。遂有賢不肖之分。而其八字之良或不良。遂爲與其共事者之八字所變化矣。

第十七　知命篇

邵子康節曰。不知命數。無以爲君子。不明趨避。不能稱達人。每覽愚夫愚婦。胡作妄爲。實有不知命數。故臨財苟得。臨難苟免。見人之勢炎高張。則趨之若鶩。見人之頹唐莫賴。則冥飛如鴻。甚或反相吹拍。反相賊害。殊不知天命有富而轉貧者。亦有貧而轉富者。故不知命。無以爲君子。君子安命以待時。立志堅强。宅心中正。每在流離顛沛之中。亦必依命數之趨向。以避權貴。不畏壓迫。不凌弱小。不侮困窮。而其持己也。居易以俟命。非若小人之行險以儌倖也。常觀昔人所著命理。確知人生之窮通榮辱。利鈍顯晦。蓋有一定之命數。毫不可移。若見義勇爲。果爲狹士豪傑之儔。卽行篤色莊。亦不失善良之氣。由此言之。明達者必寬恕以馭下。直諒以待人。自然轉禍爲福。益壽增算矣。其次欲避禍害。必須謙遜。易曰。謙受益。滿招損。傳又謂和氣致祥。不欲業振財豐。家興福納。則亦已耳。否則當三復斯言。又其次。避禍先須忍。能忍一刻之氣。可免百年之災。小不忍。則亂大謀。悔噬臍矣。余爲勉人計。乃作知命篇。

第十八 女命宜忌篇

太凡女命。最喜中和。以柔爲德。以剛爲刑。最忌身太旺。亦忌身太弱。太旺必多潑。凶很無情。太弱失主宰。易受人誘。孤鸞無忌。夫明子秀。亦作一代之封。傷官傷盡遇歸祿。貴作一品。一官獨透無殺藏。夫榮祿優。官帶桃花。福祿堪跨。財逢桃花。異路榮華。八字純清。官臨長生。乃女界之領袖。四柱恬靜。殺臨長生。爲巾幗之英雄。傷官傷盡逢財。定配富家之夫。官弱食神明秀。夫敗而子興隆。金神飛祿傷官。女命逢之最忌。食臨長生官受傷。旺子喪夫。財旺生官者。衣祿無憂。財强官弱者。夫權必奪。女命桃花合殺。必多淫私奔。桃花多刑合。迎新送舊。官星遇傷無印。定主尅夫。官强傷弱逢財。能助夫興家。四柱無官。殺强逢傷。位居側室必分飛。傷官傷盡見財。無官有殺。應嫁老夫作偏房。梟神重重。多尅子息。官殺混雜。浪漫少依。梟神當旺。食神空亡。必主孤獨。孀居而無嗣。梟神適臨長生。食神孑立。到老終無子息。梟神奪食太過。一世孤單。財重印衰逢刼。雙親幼離。丁巳孤鸞逢合。人多聰明。必主臺榭歌舞。其人心濁淫蕩。姊妹少義。比刼逢戰鬥之鄉。五行值死絶之地。無財須繼拜爺娘。寄名出姓。方可安身度日。年月冲戰太過。隨母從異父而居。時日刑冲逢傷梟。子女無依晚年貧。早歲喪父。只爲財衰遇刼。幼年失母。原由財旺印弱。日月冲破。出世離母另繼娘。依人過活。官殺失令。每多半途被拋棄。金水性靈而多淫。水土混雜心多愚。桃花帶殺。酒色猖狂通宵。官殺多合。嫁離不足爲奇。慈祥敏慧。天月二德護日。文名四揚。食神文昌同宫。雄辯滔滔。朱雀逢太白之地。下筆成文。庚辛遇潤下之水。梟神旺而子息少。傷官强而女多能。比肩登祿。姊妹爭奪未了。食神歸祿。生子必孝。四柱衰弱。官殺帶傷。濁亂淫蕩不了。八字多合。貴人重見。非作娼必爲尼。滿盤官殺。四柱冲合。荒淫縱慾無期。官星臨絶地。孤孀獨宿。食官皆不見。閨幃空守。四柱無官暗合殺。私赴淫台會佳期。八字官殺藏逢合。家居思外望情人。官殺並透。殺投墓必配良夫而多憂。殺强而官弱無氣。先離而後嫁良人。歸祿逢財遇文昌。藝術揚聲。財命有氣見官星。益夫超羣。此則舉其概要。須要研究細微。欲知女界之貴賤。用心於此。易免錯誤。

第十九　十干十二月機要篇

甲日子提印綬躬。逆行反比順行雄。官多殺盛東斯美。午未相逢事不空。

甲木天元丑月中。分明大運任西東。發財發福皆榮顯。午未相逢翻不通。

甲木東生寅月逢。財多殺盛福千重。順行火地最難顯。逆走當然富貴從。

甲木應居卯月宗。柱中有殺不凡庸。何拘順逆東南地。申酉相逢未可容。

甲木辰提官又重。逆行東地淚淙淙。南方順走多顛沛。除是根深富貴翁。

甲木根生巳月逢。柱中財殺喜無雙。逆行早歲聲名顯。順運夭亡憾滿腔。

甲木居於午月期。傷官木火財爲宜。順行怕入西方運。東北行來最得時。

甲木根深六月時。財官有氣福無陲。逆行最喜東方運。惟恐初生壽不滋。

甲木無根秋孟晞。財多殺旺恨身微。運行順地遲方好。逆運須防星不暉。

甲木酉提官正依。順行坎地錦衣歸。南離逆轉官被制。祿盡元喪壽命違。

甲生戌月財官用。順運東南福更舒。若遇柱中有亥未。逆行名姓有令譽。

甲木生元亥月居。柱中逢殺樂有餘。中年最喜東方運。午未間關返照虛。

乙木生來子月俱。要無官殺自歡娛。逆行大運非常美。無殺無官奴青無。

乙木提綱值丑濡。西東第一次南隅。雖然不是科名種。富並石崇世所須。

乙木傷官寅月提。相逢財殺自東西。連行順運多歡樂。無財無殺亦苦悽。

乙木提綱卯月齊。財官有氣鶴超鷄。火金大運斯爲美。白手興家浴晚谿。

乙木辰提爲雜氣。西方大運亦殊佳。若行戊運多顛倒。刑併人財壽不諧。

乙木相逢孟夏排。運行東北不爲埋。柱中若是無根底。順運終防壽命乖。

乙木如逢午月陪。食神有氣恐身摧。柱中若是根基薄。逆走堪嘉大運隤。

未月生逢乙日推。柱中官殺亦爲魁。順行西北傷元壽。逆走東南福自媒。

乙木生來秋日新。財官印綬忌柔身。中年不宜行西北。順運無如逆運珍。

乙木酉提殺自頻。功名事業頌偉人。有根有葉猶能壯。火運北行福祿臻。

乙生戌月多財殺。惟恐初年疾病紛。若到中年多發達。不論順逆總合欣。

乙木亥居印足云。西南逆走立功勳。印官見殺猶逢順。大限在辰自己曛。

丙火冬生值子垣。生身有印大昌繁。東南運入多榮達。逆行難保壽長存。

丙火如生丑月言。傷官格局又奚煩。印多運入西方美。根淺東南福不蕃。

丙多官殺月寅欄。運入南方分外看。若是官輕尤喜北。西行大運自安安。

丙火日干卯月鞍。如逢干弱火爲歡。無官漫許期安吉。身旺猶思蜀道難。

丙火辰提戊己班。傷官火上倍間關。逢財逢印多通達。南北相逢世慮刪。

丙火建祿巳提般。官殺相逢大霽顔。順逆運行多發達。若行戌運有災患。

丙逢午月傷官論。有殺當爲貴命全。金水運行多吉利。如得水地不爲然。

丙逢未月傷官顯。官殺相逢未足傳。如得獨官爲貴氣。運行西北着先鞭。

丙火申提日主蕭。得從得化始爲昭。若從水位傷元壽。逆去東南福祿邀。

丙逢酉月火秋凋。比刼扶身壽可超。逆去東南爲背祿。順行水地始爲調。

丙逢戌月土重包。有殺無官迴不膠。大運順行多富貴。若逢官殺亦中交。

丙火亥提無殺印。東南大運列前茅。中年富貴非常美。運若西方壽不交。

丁火子提氣足豪。柱中有殺更冠曹。生平最喜東方運。怕到西方福不高。

丁火丑提事代勞。分明四柱土多忉。東方運入俱通達。火地南方劇可慅。

丁火逢寅印綬多。柱中有水喜南過。運行北地尤通達。西地財鄉禍似梭。

丁逢卯月印星和。南北應多名利羅。獨殺若無官混雜。金章紫綬列巍科。

丁逢辰月傷官有。順入南方福更嘉。逆運初年多蹇剝。更逢戌亥壽相嗟。

丁逢巳月剛强𥗗。大運何愁入水涯。運若順行初不利。中年西運自堪誇。
丁逢建祿本身强。無水須防壽不將。若得運中逢七殺。事功遠播姓名香。
未月逢丁財要張。無財到底命多殃。若逢財殺方爲美。西方大運樂未央。
丁逢申月日干横。大運南方喜逆行。若是根深尤喜順。中年發達更崢嶸。
丁逢酉月偏財取。官殺相逢更妙評。大行逆行多順利。功名兩字許尊榮。
丁逢戌月傷官旺。官殺須多却不刑。南與東方多順遂。榮華富貴福熒熒。
丁生亥月用官星。順逆東南福是馨。若是殺星多混雜。壽年尤恐半凋零。

戊日日干生子月。坐支辰戌最爲能。支虛更值財神位。運怕東西事怕冰。

戊生丑月日干衫。更有財登福壽登。逆順行運俱得地。若無財殺亦難憑。

戊土寅提日主柔。相生殺印格爲優。火鄉運入尤榮達。水地逆行不足謀。

戊土卯綱官可取。相生賴印異凡流。發財南運强於北。酉地相逢壽不悠。

戊土辰提日主岑。財星福祿劇堪欽。西南運順應榮達。輕遇財官也作祲。

戊土巳提爲建祿。柱中財殺是佳音。逆行大運宜東北。順走西南事逆心。

戊土午提印作覃。分明官殺大運湛。重逢官殺宜順逆。逆運官輕妙巳涵。

戊土生來夏季三。若無財殺不堪譚。逆行更喜東方運。順逆財多亦奮然。

戊土生申用食懨。有財有殺貴堪兼。逆行火運多通達。水地行來反受嫌。

戊土酉地月日占。怕行坎水喜離炎。若非四柱元辰旺。卯運相逢淚暗添。

戊土九秋日主巖。重逢財殺吉非凡。運行不拘臨逆順。財殺空虛亦受讒。

戊土亥提財殺函。身強有火一風帆。逆行早歲須防酉。順運中年辰卯巉。

己土子月財星動。有殺無官格清總。柱中太怕身不彊。順行寅卯早空洞。

己土丑月日堅勇。四柱分明比肩恐。若逢財官殺兼之。逆行大運福旋踵。

己土寅月宜詳講。是是身柔命斷港。身强南運斯爲優。運氣逆行壽遽蚌。
己土卯月殺當恃。逆運須知壽亦止。順逆火鄉不極佳。官星相會不終始。
己土辰提雜氣韙。財官有氣定英偉。順行運氣劇可嘉。逆運行時不算韡。
己土巳月身旺處。印綬傷官格局楚。身旺還須運遇財。無財運逆亦相序。
己土午月身强取。建祿分明理更盱。官殺輕時順運行。官輕運逆亦耀祖。
己土未月殺欣逢。刃殺相傷更得體。中年運氣發達多。不拘順逆繁昌啓。
己土申月用傷官。若是身輕非妙楷。所喜須宜逆運行。怕逢寅卯殺相駭。

己土八月旺辛金。若是身輕命恐殆。旺喜順行衰喜逆。兩無財殺噓嗟餒。

己土如逢九月天。財官兩旺福降準。運行順逆俱穩平。壯年發達羨明敏。

亥提己土用財官。財官身旺精華蘊。若是身柔順運欣。東方難免壯士憤。

子月如逢庚日干。有財有殺始平穩。西方何若運東方。午運相逢壽極遠。

庚金丑月有財官。格局分明雜氣算。木火柱無終不佳。運走東南免憤懣。

庚金寅月日干微。土透天干命愈睅。逆運初年子丑嫌。順行大運淚兩潸。

庚金生逢春仲時。再逢官殺命始善。但嫌四柱弱元神。順運三旬恐殞殀。

庚金三月土重重。更有財官福祿繞。順運何如逆運強。中逢子地災凶擾。

庚金四月殺星強。有制方知殺伏巧。若然無制又無根。其人多有少年絞。

五月庚金喜有根。有根有水真堪寶。逆行大運宜東方。子字相逢總不好。

庚金未月土旺坐。戊己土重命無左。若是上輕逆運行。康寧福壽皆云賀。

七月庚金金太剛。坐支若實亦非雅。兩處財官宜順行。財殺輕時逆運治。

八月庚金用刃星。柱中有殺最爲敝。有財無殺金局純。從革尤當名姓響。

庚金九月喜逢財。天干殺透三生幸。順命初年子地兼。逆行離巽災凶境。

庚金十月日干衰。有土相逢名鼎鼎。順運勝諸逆運强。中道災危難與並。

子月辛金喜丙丁。若然無火亦非卓。運行水火顯揚多。財殺盈時喜逆走。

辛金丑月宜用丁。戊己重重亦美錦。土多無火壽元亡。縱然不夭也病痒。

辛金寅月旺財官。大運不須喜逆感。無財不如順運行。中年惟恐多黯黮。

卯月辛金殺如逢。坐支有土還宜檢。順行逆轉多顯名。若到西方反爲險。

辛金生於辰月中。有財有殺更就範。順行逆運通達多。富貴榮華福壽湛。

辛金巳月旺官星。傷食全無亦不中。逆運但防官字否。順行一路總虛空。

辛金五月殺當權。四柱根深逆順重。若是無根棄命佳。如行西運大懼恐。

未月辛金殺印全。印多尤似有攸降。逆行木運通達稱。順運初年略不絳。

申月辛金金水清。傷官有殺最得志。坐支無酉嘉妙云。運入東方名利至。

辛金酉月日干强。財殺相逢更爲貴。逆運當頭發達多。順行水地同蠟味。

戌月辛金殺印全。柱中有制福自著。逆行順去俱無妨。巳地相逢難與處。

辛金亥月若無官。水冷金寒應知數。若逢官殺兩相臻。名姓當垂竹帛布。

壬子生逢子月天。無財無殺難能濟。終身困苦似飄蓬。縱遇財鄉亦不逮。

壬水丑提喜逢財。身强財旺更安泰。順行運氣經坎離。正是風雲得際會。

壬水如逢寅月生。食神相得亦相介。南方運氣財帛增。有殺名揚四海快。

壬逢卯月格傷官。逆運無如順運配。殺透更加身旺時。功名富貴揚千載。

壬水辰提殺自强。相逢甲乙殺當鎮。更得財星印綬兼。不拘順逆亦言潤。

壬水生逢夏月天。財星殺旺兩須問。無根只怕塞初年。若到中年愈得運。

壬申午月旺財星。亥水相逢更足論。若是無根棄命宜。平生創業多如願。

壬水生逢季夏時。分明雜氣異爲斷。順行逆轉皆通亨。卯地相逢在月旦。

壬水相逢八月天。分明印綬格當綰。無官最怕運財鄉。有殺須知福祿串。

壬水生來值季秋。財多殺旺身柔賤。財居大地俱開通。幷木之鄉反不便。

壬水亥提建祿題。柱中有火東爲妙。南方運氣美俱全。若是無財亦不劭。

癸水冬生值子提。財官重見最有效。順運更喜蒞東南。逆走西方亦恐拘。

癸水丑提雜氣名。無財無印不堪導。順行木火俱可嘉。逆運西南年不髦。

癸水逢寅木傷官。重逢官殺遭坎坷。北運不如南運佳。若到中宮壽有挫。

癸水生來卯月中。無官無殺善並駕。順行南地貴且清。運入西方恐物化。

癸水辰月喜逢財。雜氣分明格尊尚。若是無官太弱身。順行南運災相向。

癸水巳提更旺財。官多不與殺相競。有根逆運定益財。順入西方早見病。

癸水生逢午月中。令明財殺格相定。無根運不行於申。棄水從財可操勝。

癸水未月殺星强。有刃無官祿位守。運入東方制伏殷。名姓事業皆成就。

癸水生來值孟秋。有財身柔終不禁。順行北運猶稱嘉。若是無財反不任。

癸水酉月印生身。有殺方爲格局瞰。順運無如逆運强。功名富貴兩無憾。

戌月如逢癸日午。分明雜氣財官占。運行水火財祿多。逆運初年壽必贍。

癸日生來亥月中。傷官水木總相鑑。逆行惟妙運南方。順走須知卯運陷。

第二十　運行篇

凡看命理。先攷四柱。次參强弱。更審刑冲破害。詳參暗中衝合。必使中和得體。偏枯邪巧。加意考覈而後已。當決用神格局。再判命運向背。利於何種職業。運到幾時發跡。推其運行之得失。稽其流年之否泰。或有大運背馳。而流年嚮道反獲其利者。或有大運優良。而流年反爲窳敗者。故子平亦云。大運十載數。上下五年分。先看流年歲。方知中下旬。此非命數之不驗。實怪執斯業者之孤陋寡聞。僅憑管見而固斷耳。僕爲守斯道者。其責任之重。奚翅天文家之報告氣象。與航行家之把握羅盤。故以一言之出。一字之幾。實能重輕於人事。豈可須臾忽之也。若不然。卽謂負天職。損道德。撫心自問。安乎否乎。故余謂談命先須細查流年。及月令納音。兼籌並顧。益以準確之批評。則失之者鮮矣。假若疎忽從事。或學理不精。或妄斷休咎。岑樓寸木。利己損人。爲星家者。當知哀莫大於心死。可不慎歟。

第二十一　碧淵賦摘要註解篇

郎千里馬

太過無尅制者貧賤。不及無生扶者夭折。

丙午　乙亥
甲午　己卯
丁巳　己亥
甲辰　乙亥

四柱無金水尅制一派木火建祿太旺故貧賤也

此造巳入亥宮見陰木必須損壽四柱木強土衰至寅木運官殺交馳故夭折耳

宜向之而運背。決之貧賤。

甲子
丙寅
辛巳
戊子

此爲辛日逢戊子六陰朝陽格
見丙巳兩火破格故決之貧賤

宜背之而運向。斷之亨通。

庚申
甲申
庚辰
戊寅

此建祿無官身旺太過
運行木火水名利雙輝矣

喜生而逢生。貴而堪斷。

庚子
辛巳
癸卯
庚申

愛尅而值尅。吉亦可言。

壬申
乙巳
丁酉
庚子

第二十二 先聖先賢命造篇

大成至聖先師孔子偉造

庚	乙	庚	甲
戌	酉	子	申

日祿歸時格

庚	戊	庚	甲
戌	子	子	申

按通會載孔子八字非乙酉係戊子月

晉朝王羲之遺造

乙卯
癸未
壬子
辛丑

經云財官印綬全備藏蓄於四季之中辰戌丑未是爲之如官露印露財露則不妨也

仙師呂純陽法造

壬申
壬子
辛亥
壬辰

此格以白虎被潤下之水財官二字不見故脫凡塵而成仙道

第二十三　我國已故偉人命造篇

孫中山先生遺造

丙寅
己亥
辛卯
庚寅

金水傷官格

黃克强先生遺造

甲戌
甲戌
乙卯
丙戌

秋木向陽格
木火傷官用財

段祺瑞先生遺造

乙丑　乙卯　乙亥　癸未

亡年丙子曲直格享
壽七十二歲貴至極品

徐樹錚先生遺造

庚辰　丁亥　甲辰　壬申

一入壬運丁火
受傷慘遭仇殺

袁世凱先生遺造

拱祿格

己未　癸酉　丁巳　丁未

亡年丙辰仲秋作
皇帝夢驚醒而逝

蔣百器先生遺造

壬午　庚戌　壬午　壬寅

此玄武當權格
亡年四十八歲

第二十三　我國已故偉人命造

一代文豪　章炳麟先生遺造

戊辰　乙丑　癸卯　庚申

日貴格又名合祿

名山儒學千秋欽敬

黃膺白先生遺造

庚辰　己卯　丙申　戊戌

亡年丙子滬濱

火土傷官用財

張宗昌先生遺造

前山東督軍
天元一烝格

壬午　壬寅　壬寅　壬寅

亡年壬申七月受剌於
濟南車站因六壬趨艮
格冲破故也

報界巨子
史量才先生遺造

己卯　丙子　庚寅　辛巳

亡年甲戌五月
殺投庫印被破
被刺杭七堡站

李秀山先生遺造

乙　乙　乙　庚
亥　酉　卯　申

亡年庚申歲運併臨
自戕殞命千古疑案

張作霖先生遺造

乙　己　庚　丁
亥　卯　辰　丑

亡年戊辰走戌運太歲
受冲果遭皇姑屯之變

孫傳芳先生遺造

乙酉
庚辰
壬寅
己酉

亡年五十一歲歲次乙亥
被施劍翹刺於天津佛學會

楊宇霆先生遺造

乙酉
甲申
丙辰
戊戌

亡於戊辰年日經
天羅死於非命

巨商 薛寶潤先生遺造

庚申
丁亥
甲申
丁卯

傷官假煞格

鄔挺生先生遺造

丁丑
癸丑
壬寅
辛丑

壬癸辛人中三奇
見寅格成必富惜官
太重死於非命

第廿四　五行原理消息篇

（此篇簡明十有九驗故特改編子平附註）

夫陽生陰死。陰生陽死。衰旺循環。生死自明。甲木生亥。死於午。乙木生午。死於亥。則存亡可知。丙戊兩日生於寅。遇酉死。丁己兩日生於酉。見寅死。庚日生巳而死子。辛日生子而死巳。壬日生申逢卯死。癸日生卯見猴死。陰陽順逆。災祥生死。依此推詳。中途或喪或危。印綬遇財。平生曰富曰貴。身殺兩强。夫貴者。用財而不用官。官喜財旺。當權者。用殺而不用印。印賴殺生。食神居先。七殺居後。功名超羣。傷官高透。財星暗藏。富堪敵國。辛逢卯卯遇午。財名雙輝。火虛有烟。金實無聲。木盛多仁。土薄寡信。水旺逢土。福壽雙全。土衰木盛。宿疾難療。金潔水秀。其人聰明而好色。水土混雜。主人昏沉必多愚。傷官四柱無財。雖乖巧而必貧。食神制殺逢梟。非貧而必夭亡。男命多刃須重娶。女犯傷官恐再嫁。男多傷官應尅子。女逢梟重定損兒。傷官見官。女防尅夫。羊刃刑冲。男恐喪妻。

三戌冲辰禍不淺。丙干不雜名利齊。丙子辛卯相逢。荒淫不了。子午卯酉全備。酒色昏迷。横財致富。財藏支中暗生奇。生平信佛。造化却喜遇戌亥。陰尅陰。陽尅陽。財神有用。食逢梟。傷遇印。飄蕩半世。官多不貴。財多不富。財旺日干無依。從財安然。身衰殺多不忌。從殺貴顯。龍藏亥卯。經商利路綿綿。虎逢巳亥。威名遠震中外。歸祿無財。終身貧窮。一世安然。財命有氣。太歲忌逢戰鬥。羊刃最忌冲刑。從化得化。富貴榮華。從化不真。庸碌一生。亥乃神漿遇酉金。貪杯之客。財逢旺地日主强。福祿優良。官遇長生命必榮。財臨長生富千鍾。丁生酉金。丙辛並見恐絕嗣。財臨殺地。父死而子不歸家。天干殺顯。無制者賤。地支財伏。暗生者奇。偏官旺遇生地。其人壯年不祿。庚金日逢丙尅。遇丁却無薪俸。時歸敗絕空亡。老死他鄉。年月財官高懸。少年顯達。此篇若能熟讀。則窮通壽夭。無錯無誤矣。

第二十五　論流年吉凶篇

太歲主一年之政令。掌四季之休咎。值年爲當歲領導。管按月之安危。斷流年之吉凶。歲運並重。決逐月之得失。月限同參。加官進財。歲星並值吉地。災危相侵。太歲逢於戰鬥。月星爲日所喜。當知謀爲皆吉。月星爲日所忌。謀望皆屬無成。推值月星宿之法。小限起生月而逆度。察日辰吉凶之機。三合六合。貴人逢合則吉。三刑帶殺。必招膿血之災。遇寅巳申三刑合庫。定有官訟之禍。羊刃太歲。怕逢戰門。月令日主。最忌刑冲。傷官見官。身旺禍輕。日犯歲君。身衰殃重。地支財伏。暗生者奇。可得横財致富。梟神奪食。怪僻多疑。刑冲羊刃自殺。流年四會。不犯官訟定損財。身名兩毀。傷官逢祿。機緣巧遇職位陞。名利雙輝。財臨絶處。必應妻病而耗財。殺臨死地。定見子息多招晦。偏才遇歸祿。異途獲驚人之巨利。財逢比刼。兄弟爲遺產分爭。朱雀值白虎。口舌是非不了。勾陳逢玄武。慎防竊盜之驚。青龍入海。聲名遠播。白虎登山。利涉大川。此則舉其大略。學者須細心揣摩。一年之安危。依理推斷。百不失一。

第二十六　社會聞人命造篇

(一)吳興南尋龐翁萊臣福造

甲子
辛未
辛卯
戊子

安命丁酉

四歲	壬	申
一四	癸	酉
二四	甲	戌
三四	乙	亥
四四	丙	子
五四	丁	丑
六四	戊	寅
七四	己	卯

季夏辛金。蘊藏毓秀。六陰朝陽。陰火深埋。文昌重見。食神生財。財通門戶。必主巨富。日逢天醫。遇危轉安。八字純粹。富而且康。

(二)甯波虞洽卿先生貴造

丁卯
丙午
庚午
己卯

安命壬辰

四歲	乙巳
一四	甲辰
二四	癸卯
三四	壬寅
四四	辛丑
五四	庚子
六四	己亥
七四	戊戌

仲夏庚金。柔弱喜毋。陽金煅煉太過。變格奔流。庚辛夏產。露勾陳。命作榮斷。惜官殺並透。早歲多載月之勞。運遇金水。扶搖直上。則命振中外。蜚聲四播。福壽綿長。爲社會領袖誰曰不宜。

(三)吳佩孚將軍偉造

甲	戌	安	
戊	辰	命	
戊	申	甲	
壬	子	子	

一歲	己	巳
一一	庚	午
二一	辛	未
三一	壬	申
四一	癸	酉
五一	甲	戌
六一	乙	亥
七一	丙	子

季春戊土。形勢巍峨。年干甲木疏旺土。地支財局助獨殺。坐下文昌。儒將風雅。土氣厚重。信孚中外。權名蓋世。但時透壬水。遇比旺。一生清高。故兩袖清風。清名顯揚。

(四)林康侯先生貴造

丙子
庚子
壬子
丁丑

安命庚辰

九歲	壬	丑
一九	壬	寅
二九	癸	卯
三九	甲	辰
四九	乙	巳
五九	丙	午
六九	丁	未
七九	戊	申

壬子日元。子水重疊。倒冲飛天祿馬。冬水强盛。多樂少憂。本許功名顯達。惜時遇丁丑。天地皆合。合則難冲。身旺用財。貴輕名高。偏正財露。服務社會。熱心公益。故能名滿內外。福祿優良之偉造也

（五）茅山塵虛道士法造

丁丑
丙午
丙寅
甲午

安命壬辰

歲	大運
六歲	乙巳
一六	甲辰
二六	癸卯
三六	壬寅
四六	辛丑
五六	庚子
六六	己亥
七六	戊戌

仲夏丙火。產離旺極。財官皆背。夏火炎而金衰。簪冠之道。此乃身旺無依。非僧卽道之造。

(六)寧波天童寺圓瑛法大師造

戊	寅	安
戊	午	命
辛	酉	乙
戊	戌	丑

八歲	己	未
一八	庚	申
二八	辛	酉
三八	壬	戌
四八	癸	亥
五八	甲	子
六八	乙	丑

仲夏辛金。柔弱無氣。陽土重埋。支會寅午戌火局。變格熔化。時逢華蓋。雖科名早顯。中途未遂青雲之志。考士衆生慈。故遁跡空門。寄身佛國。免塵俗之攖累。深悟三寶。果能大興叢林。增釋教之光輝

（七）徐寄廎先生貴造

壬午
壬寅
壬午
戊申

安命丁未

七歲	癸	卯
一七	甲	辰
二七	乙	巳
三七	丙	午
四七	丁	未
五七	戊	申
六七	己	酉
七七	庚	戌

孟春壬水。洩氣甚重。水多不强。日坐胞胎。午火兩見。水火既濟。理推名標金榜。所惜寅申交沖。驛馬加鞭。應取時上戊土。七煞爲用。財助殺强。非富卽貴。定卜名高祿重。富貴雙全之造。

（八）邵力子先生貴造

壬午　安
壬子　命
庚辰　庚
癸未　戌

十歲　癸丑
二十　甲寅
三十　乙卯
四十　丙辰
五十　丁巳
六十　戊午
七十　己未

仲冬庚金。日衰質弱。水冷金寒。最喜榮惑歲星。地支午未。爲日月爭輝。午爲庚之陽貴。官藏丁火。乙木勢如枯草引燈。金水傷官喜見官。魁罡見官。博學多能。下筆成文。更喜大運相助。理應飛黃騰達。功蓋宇內。食祿萬鍾。

(九)王曉籟先生貴造

丙	辛	壬	戊
戌	丑	午	申

安命丙申

六歲	一六	二六	三六	四六	五六	六六	七六
壬寅	癸卯	甲辰	乙巳	丙午	丁未	戊申	己酉

季冬壬水汪洋。坐離位遇胞胎逢財。食祿千鍾。妙在丙戊皆透。冬水值勾陳。龍門之客。遇朱雀金谷之翁。丙辛抱合。定掌威權之職。揚聲於社會。趐羣於人上。名振朝野矣。

（十）陶樂勤先生貴造

戊子 庚申 戊寅 壬子

安命甲申

一歲	辛酉
一一	壬戌
二一	癸亥
三一	甲子
四一	乙丑
五一	丙寅
六一	丁卯
七一	戊辰

孟秋戊土。金旺土衰。幸而年干戊土幇身。地支寅申冲出丙戊。經云。秋土藏珍。見火無危。食神得祿。瀟洒風雅。主人胸羅萬象。博覽羣書。蜚聲社會。閑情逸樂。

（十一）周邦俊先生貴造

己	壬	戊	乙
丑	申	午	卯

安命丙午

一歲	辛	未
一一	庚	午
二一	己	巳
三一	戊	辰
四一	丁	卯
五一	丙	寅
六一	乙	丑

孟秋戊土。體本柔弱。所幸年生己丑。刼才幇身。日坐羊刃。自衛裕如。食神文昌吐秀。主人思想新穎。偏才臨長生。向商場發展。定卜財名雙美。

（十二）陳霆銳大律師貴造

庚寅　安
己丑　命
乙卯　戊
丙子　辰

二歲　庚寅
一二　辛卯
二二　壬辰
三二　癸巳
四二　甲午
五二　乙未
六二　丙申

季冬乙木。似孤山之梅。得厚土培養。根深蒂固。最喜時落丙子。寒梅遇太陽佈暖。子水潤澤。勢必花枝煥發。氣象清高。主人博學多能。瀟洒風雅。故能聲譽遠播。名振中外。

（十三）名會計師徐永祚先生貴造

辛	戊	庚	壬
卯	戌	午	午

安命乙丑

一歲	一一	二一	三一	四一	五一	六一
丁	丙	乙	甲	癸	壬	辛
酉	申	未	午	巳	辰	卯

暮秋庚金。母旺子相。日時支逢煅煉。遂成鍾鼎之器。得水而清。遇火而銳。主人智識兼優。偏印重見。心靈智巧。機變敏捷。定許名業崇。隆利涉大川。

(十四)陳濟成先生貴造

乙未
戊寅
己酉
庚午

安命庚申

九歲丁丑
一九丙子
二九乙亥
三九甲戌
四九癸酉
五九壬申
六九辛未

孟春己土。日干柔弱。所喜月干戊土。年支未土。乙庚遙合。日祿歸時。午火解寒。日坐文昌。思想新穎。爲社會造福。乃一界之領導。

（十五）名大律師江一平先生貴造

戊戌
甲子
壬戌
壬寅

安命丙寅

四歲	乙丑
一四	丙寅
二四	丁卯
三四	己巳
四四	庚午
五四	辛未
六四	壬申

仲冬壬水。洪濤滔滔。年透戊土制濫。修成隄岸之功。時落壬寅。六壬趨艮。所喜食神吐秀。文昌歸垣。日德有安常之福。八字秀氣滿盤。人必出類拔萃。更喜財星暗藏。食神制殺。以致名利兼輝。造福於人羣。

(十六)劉仲英先生貴造

己	亥	安
乙	亥	命
庚	子	癸
丙	戌	未

七歲	丙	子
一七	丁	丑
二七	戊	寅
三七	己	卯
四七	庚	辰
五七	辛	巳
六七	壬	午

孟冬庚金。寒氣漸昇。妙落丙戌良時。獨殺透天。勇往直前。乙庚化合。交際慷慨。殺印相生。爲社會之先鋒。誰曰不宜。

（十七）許曉初先生貴造

庚子
乙酉
壬子
癸卯

安命庚辰

一歲	丙戌
一一	丁亥
二一	戊子
三一	己丑
四一	庚寅
五一	辛卯
六一	壬辰
七一	癸巳

仲秋壬水。金白水清。年生庚子。倒冲飛天祿馬。主人學識兼優。乙庚化合。存仁義之風。所惜卯酉一冲。早歲有志難伸。中途歲運相濟。應卜扶搖直上。名利雙輝之造。

（十八）奚玉書先生貴造

壬寅
壬寅
戊子
癸丑

安命癸丑

一歲	癸卯
一一	甲辰
二一	乙巳
三一	丙午
四一	丁未
五一	戊申
六一	己酉

孟春戊土。柔而且弱。所喜寅坐長生。更藏丙戊。解寒佈暖。戊癸一合。禮義可風。時逢丑土。貴人扶元。態度光明磊落。一生名優利溥。福祿駢臻。

(十九)葛福田先生貴造

乙	己	庚	丁
巳	丑	申	亥
安	命	己	己

三歲	戊	子
十三	丁	亥
二三	丙	戌
三三	乙	酉
四三	甲	申
五三	癸	未
六三	壬	午

季冬庚申。金冷土凝。巳亥海底遙冲。宜早背鄉井。天干財官印三奇並透。應向社會發展。他日歲運相湊。理卜名利俱足。

第二十七　社會女人命造篇

(一)一品黃夫人　貴造

壬午
癸丑
甲寅
甲戌

安命戊午

二歲	壬	子
一二	辛	亥
二二	庚	戌
三二	己	酉
四二	戊	申
五二	丁	未
六二	丙	午
七二	乙	巳

季冬甲木。陽氣漸升。日德專祿。四德兼備。月支財臨貴人。地支火解寒。年月印綬。生生不息。女命一貴可作賢人。即此之謂歟。

(二十一)前電影皇后胡蝶女士造

戊申
乙卯
丁丑
丙午

安命癸未

六歲 甲寅
一六 癸丑
二六 壬子
三六 辛亥
四六 庚戌
五六 己酉

仲春丁火。木旺火相。日祿歸時。天干聯珠三奇。伶俐聰明。裝龍像龍。裝鳳像鳳。更運走一派金水。一躍爲一界之首領。名滿中外。所惜偏印得祿。夫子二星不足。多祿少福。美中不足。

(三)某姨太太造

壬子
庚戌
癸酉
丁巳

安命己丑

五歲 辛亥
一五 壬子
二五 癸丑
三五 甲寅
四五 乙卯
五五 丙辰

癸水如雨。產於季秋。官星當旺。年生壬子。比刦分爭官星。地支酉戌一穿。只許半夫之倚。以致位列小星。那可想安。時上財星通根。一生吃着不盡。

(四)錢世傑小姐閨造

庚申
壬午
乙卯
己卯

安命丁未

七歲 辛巳
一七 庚辰
二七 己卯
三七 戊寅
四七 丁丑
五七 丙子

乙木如花。座於仲夏。月干壬水生扶。理卜才貌雙美。文昌長生同宮。蘭心蕙質。靈秀天鍾。時上偏才。待人識重知輕。嫌早運好花被狂。(已爲巽風)人雖伶俐。月被雲遮。所幸官星得祿。他日貴人相逢風。一生夫明子秀。福祿優良矣。

（五）張根華小姐閨造

癸	己	己	甲
亥	未	亥	戌

安命乙亥

五歲	十五	廿五	卅五	四五	五五
庚申	辛酉	壬戌	癸亥	甲子	乙丑

未月己土。日主高强。日坐胞胎。官星抱合。主人毓秀聰敏。性情忠正。所嫌比肩太旺。官星爭合。未戌相刑。六親寡助。幼運一派傷官。上弦新月。忽遇黑雲。刻交食神吹散浮雲。星月光輝。此後貴人相助。後祿無量。

附告尚有社會各界仕女之命造因限於編幅不能一一披露殊覺抱歉待續再集行一一公佈

以上乾坤兩造之命略言喜忌以年齡爲次序非名位分先後也此啓

第二十八　造化篇

六十花甲納音日元原理總論

五行納音　六甲論

甲子（納音）海中金

甲子日元進神。爲溪邊雄偉之木。先喜火土培扶。再看根深葉茂。木盛遇金。爲棟樑之材。秋生逢火。乃胎通明之象。春生取火土煥發。夏產用水木蒼秀。若無土以培根。更有驛馬冲動。必多貧賤夭折。春生大運喜火土。夏生喜水運。日衰及金水飄蕩之運不吉。冬誕喜木火之運。更參年月時輔之。中和爲宜。其餘日干。倣此類推。

甲寅（納音）大溪水

甲寅專祿日德日元。爲碩果品彙之木。其果可當祿食。先取有人看守。以防偷竊。再無冲動專祿。遇水以實珠璣。又加根苞蔕茂。財官並透。自享富貴壽考。若無看守。則名利自虛。所爲看守者何。

庚金是也。辛則不如庚。再得印綬食神。方能安靜。最忌無殺。恐老守山林。有志難伸。更惡比肩或冲破。則貧寒孤苦。支全亥卯未。寅卯辰。富貴無疑。格曰曲直仁壽。又曰青龍得位。東南富貴。如見金則非以仁壽格論矣。日强火土厚重。可致巨富。

甲辰 納音 覆燈火

甲辰日元大敗。又曰坐才。爲鬱水滋鬆之木。其木條鬱。固根壯蒂穩。人領之多合成抱。雄偉參天。嘆木揮霍。發揚最喜火土。春生遇庚金顯達。夏產得水火榮昌。身旺運逢傷食。則直上青雲。殺印相生。其人志伸霄漢。日强逢財官反成富貴。日弱遇刑冲毁傷家財。身旺忌行亥子丑北方之運。申酉戌巳午未之鄉。抑鬱難顯。若水泛木浮。飄蕩之客。有一辰庫。則悉歸而木得養所。水泛木浮謂活水也。大運遇火土。則大展經綸。聲名遠播矣。反此多困。

甲午 納音 沙中金

甲午日元進神。爲工師斧鑿之木。務須利器在手。方成棟樑之材。

喜得庚金爲最。辛金次之。從來甲午。有一庚辛透露。爲人英明非凡。胸襟穎悟沉毅。抱負不凡。大有作爲。運遇申辰亥之方。則指揮如意。名業崇隆。若逢木火土之地。自多困鈍。力不從心。支逢寅午戌火局。格曰從兒。護子蔭福。一生優游自得。倘遇子冲丑穿。則終身碌碌奔波。凡事難成。須中和爲貴。偏苦則貧。

甲申 納音 井泉水

甲申日元。爲砍斷入水之木。其根雖斷。精液猶存。每逢陽春必發。凡事絕處逢生。故一入水中。滋潤精液。金石同堅。所謂斷木。偏逢活水長養是也。爲人智勇兼備。英氣勃勃。存豪俠之志。無欺瞞之心。運遇金水。必飛黃騰達。望重勳殊。一生清名顯揚。倘逢火土。一寒一暴。枯朽立至。終身懷才不遇。一生憂鬱不暢。四柱多逢水局。無辰不發。運喜金水。忌火土枯燥。遇寅冲亥穿之運。不發。

甲戌 納音 山頭火

甲戌日元。爲土窰松杉之木。土存則存。土散則散。必須厚土培植。清水生扶。則超羣絕倫。富貴功名。易如反掌。尤忌刑冲破害。有則終身遇而不遇。阻隔太多。有志難伸。更喜印綬相生。亦能以商致富。掌偉大之權衡。創穩固之基礎。水潤木生。則名利完美。火燥物病。必挫折多端。運行金水之鄉。聲譽特達。福壽康健。倘遇火土之地。恐懷才不遇。一生奔波嗟嘆。喜雨露以潤根蒂。使其神氣煥發。枝葉繁榮。可許妻賢子孝。以成有用之材。若遇冲尅之運。不吉。

五行納音　六乙論

乙丑納音 海中金

乙丑日元。爲沾土初生之木。木質初方彙集。伸其一段氤氳柔弱之蕊。輝如元氣煥發。爲人毓秀聰俊。文采風雅。存心仁厚。如各種之花。栩栩向榮之象。能樽節愛護。定卜福壽綿長。富貴雙全。最惡風雷摧殘。決然貧賤天折。風雷維何。則已爲巽屬風。卯爲震屬雷。其人怕旱燥。最喜潤澤。庶花菓滿樹。得高人之信仰。爲名士所賞識。閒情逸樂。反此則貧。

乙卯 納音 大溪水

乙卯日元專祿。爲實秀祿品之木。如稻禾稷黍之類。可以娛目。亦能充飢。喜水土培植。則祿食有餘。珍寶可貴。加以財官印綬。定主富貴榮華。門庭光輝。參其食傷吐秀。不問而知。性情豪爽。瀟灑風雅。抱孟嘗之高風。態度光明。懷濟世之行爲。慷慨不吝。最怕酉冲祿破。亥死辰穿。致一生庸庸碌碌。一事無成。喜尋花問柳。喝雉呼盧。交友少信。舉止少仁。喜行辛金丁火。己丑未土。乙木以衛之。則温良恭儉。爲商賈之巨擘。忌庚申辰亥酉之運。

乙巳 納音 覆燈火

乙巳日元大敗。爲水仙倒插瓶中之木。要泥漿深埋水土。水土重疊。庶幾穩固。若遇季冬。一陽復生爲妙。爲人瀟洒風雅。清高逸樂。性喜丙子。不畏冰霜。有君子之氣概。成高士之風度。舉止清白。無卑鄙之行為。不喜功名。羨康健而仁富。運喜陽地。則位重權高。食祿千鐘。一冲一搖卽枯。逢火土則終身顛沛。妻離子散。須水火相生。惡濁土拌根。忌刑冲破害之運。

乙未 納音 沙中金

乙未日元坐才。為藤蘿花果之木。柔怕金侵。令人萎靡不振。最喜甲木相護。甲申時。藤蘿繫甲。則可春可秋。始得提承雨露。故有架卽沾君恩。其人文學堪誇。功名顯達。無架終墜風塵。而為市儈之輩。高架寅亥甲木是也。若四柱有架。行運遇冲。必然名利難成。家業蕭條。壽命不長。宿疾難療。喜行甲寅水木吐氣之運。而得家道興隆。財丁並美。忌行申巳庚辛之運。則阻滯良多。如逆水推舟之勢。終身碌碌。

乙酉 納音 井泉水

乙酉日元。為金盆栽種之木。青奇斯可供雅賞。如干逢財官印綬。則功名富貴。清高特達。聲譽遠播。利祿豐盈。支無刑冲尅破。還顯甚易。仍須春夏秋冬。酌取用神。只怕卯冲酉刑。則貧寒孤苦。如遇水土潤澤。殺印相生。可富比陶朱。爲一方諸侯。若卯冲戌穿。必然顛沛流離。六親鮮助。剝削不輕。倘遇酉時自刑。養子恐無終局。只可猶子比兒繼香。喜癸相護。忌卯相冲。秋生金重。目疾無疑。

乙亥 納音 山頭火

乙亥日元。爲木上寄生之木。而從死處再生。乃爲倚附。行人遇之。猶是移花接木。喜陰水生扶。得丙丁佈暖。則錦繡繁華。姿色美而秀麗。性格敏而聰明。從教育文學兩界。一生名高望重。凡事死裏逃生。乃爲倚附甲木。則終身近貴發跡。產生春夏。東南揚聲。如生秋冬。必少倚靠。畢生寒儒。或工商之客。可小就而無大發展。產生孟冬仲冬。騎馬亦憂。或有中萎之象。忌巳冲破。必庶生也。須要刼星安穩。方得功名富貴。有意外之奇逢。喜生喜帮。申忌酉巳亥刑冲之運。

五行納音　六丙論

丙子 納音 澗下水

丙子日元爲胞胎。咸池太陽沐浴之處。精液充足。更見得體。晝生寅卯辰巳午未。普照六合。英明非凡。夜生申酉戌亥子丑。習工從商。小富風流。再會西北。太陽昏沉。功名難顯。運行寅卯辰。巳午未之地。則威鎮一方。鎮守邊疆之榮。但生此者。必躭於女色。易亂性情。致成書生。風流瀟灑。倘遇午冲未穿。則飄蕩之客。行動虛僞。百事難成。大運喜行水火。旅行東南。富貴雙全。忌行北方亥子丑之地。貧賤無助。

丙寅 納音 爐中火

丙寅日元。日坐長生。乃太陽升殿。氣概凌霄。晝生人逢亥合。係元氣未損。雅量高致。智勇兼備。支遇寅午戌火局全者。格取炎上。英雄獨壓萬人。態度豪俠。作事幹練有爲。浩氣長存。超羣絕倫。一生得發地點。當在東南。可操上將之任。至大至剛。允文不如允武。運遇申酉壬癸亥子之鄉。則英雄無用武之地。遍地荊棘。一生艱苦倍嘗。再走西北之方。必險象環生。恐遭不測之禍。趨避方法。定在東南。尚可逢凶化吉。遇危而安。或能施恩濟人。廣種福田。藉可延年益壽。反此非貧卽夭。

丙辰 納音 沙中土

丙辰日元日德。爲日照龍庭。旭日東昇。逢酉一合。日經地網。氣息淹滯。遇巽浮雲吹散。爲人氣概凌霄。剛毅顯慧。晝生寅卯辰巳午未之地。日色光明。照耀萬里。必名高爵顯。夜産申酉戌亥子丑之方。主人混沌不清。意在游移。作事昏庸暗昧。凡事奔波難成。支遇申子辰水局。號曰水面陽光。表裏虛華。惡官星。憎財旺。忌刑冲。酉合天羅地網。成少敗多。土重則心地仁慈。木猖則英雄顯節。須四柱參酌。以中和爲妙。

丙午 納音 天河水

丙午日元。日刃坐離。爲烈日中天。逢壬羊刃遇殺。必智勇兼全。

威武顯赫。聰明正直。見仁見智。慷慨不俗。可掌兵權。聲名遠播。柱中火多。必主刑妻。土衆生慈。水猖顯節。遇寅戌。定成炎上之格。得金水。方成既濟之功。如若燥炎太過。難享清閒之福。身旺無依。定爲僧道之流。格成忌行水運。取用反喜金水。庶富貴榮華。兒孫滿堂矣。夜生申酉戌亥子丑之方。太陽昏沉。難償富貴之願。乃行商坐賈之輩。冬生則外緣春風。夏產必六親少助。必致夭折。中和安逸。金多日强。致富無疑。

丙申 納音 山下火

丙申日元。文昌坐才。爲日照崐崙之火。下有岷池。太陽到此。與水相蕩。觸爲江露重殺。紅霞晚照。雖榮不久。柔弱無力。乃太陽到坤方無氣也。夜生喜金水恬靜。木火通明。晝生前後無輔。恐多學而少成。始勤勤而終怠。逢壬水難獲延年。見戊無妨。遇乙木富貴壽考。產生卯辰巳午未數時。則麗乎中天。普照六合。一生指揮如意。名利完美。遇申酉戌亥子丑之時。太陽向西。陽光萎弱。主人清中帶濁。富而不仁。逢寅冲。離鄉奔波之客。冬產逢辛從化。富貴超羣。

丙戌納音屋上土

丙戌日元墓庫。爲日經天羅。晝生則濁氣未靜。霧遮太陽。夜生則青氣未湛。太陽無光。到此困頓空虛極矣。主人多晦倦。少英氣。晝生人加寅午一番整頓。大貴無疑。夜生人多亥子。暮氣尅制。欲騰不能。則其人終無出頭日也。行運亦然。忌水木運。喜金土運。支全寅午戌。巳午未火局。則富貴凌霄。英雄蓋世。運行巳午未。寅卯辰之方。必發無疑。倘遇亥子丑申酉戌之運。一生顛沛流離。所謀難成。主人多嗟嘆。晦暗難伸。逢辰冲。離鄉以商發跡。反此則六親寡助。剝耗不輕。終身碌碌也。

五行納音 六丁論

丁丑納音澗下水

丁丑日元。墓庫飛刃。爲鑽激之火。爲燧鑽木所生之火。利用甲激於烟石也。天干宜透火土。地支不見亥子丑濕地。要火土相逢。可遂乾燥之性。若投辰丑之庫。落於西北二方。則必減色也。遇未冲。巽地發跡。爲人性情急躁。一生得發地點。當在東南。業須木火。定創伴大基礎。獲優厚之巨利。從實業界進取。定能生產救國。運行甲乙丙丁寅卯辰巳午未。則業振財豐。大展鴻圖。遇申酉戌之地。身旺亦發。如逢亥子丑之運。則蹉跎歲月。壯志難伸。

丁卯 納音 爐中火

丁卯日元。爲木屑香烟之火。其火喜壬粘合。盤桓香氣。可達帝閣。名曰正官來合。滿面春風。不難名顯利達。若無壬而有癸。不但功名不遂。且恐相激易敗。無壬無癸。再加火土燥烈。必敗壞至一事無成。主有離散之象。行運喜金水潮濕之地。忌火土乾燥之鄉。順其氣。則一呼百諾。逆其氣。則倒行逆施。喜壬合寅生。逢酉冲。眠花問柳。酒色昏迷。遇辰穿。六親少助。跌磕不輕。運逢申酉戌亥子丑之地。名高望重。遇寅卯辰巳午未之方。則阻隔很多。志與願違。須參考四柱。中和爲貴。

丁巳 納音 沙中土

丁巳日元。爲燧殊之火。觸於曦光。則炎燃可燎。若逢陰天。百觸不生。故喜生於丁巳、丙午、丁未時。丁巳日生於三時。燎然立見。功名甚易。反是則韜晦無光。再逢驛馬相冲。必主貧賤夭折。春生壽考。享祖遺之福。夏生支逢巳酉丑。則富可敵國。秋生市徒之客。冬產寒苦之流。一生大運喜木火。名利媲美。內外咸吉。若逢水土。則乍晴乍雨。得得失失。身旺逢金。必發無疑。身弱遇財。富屋貧人。

丁未 納音 天河水

丁未日元陰刃。乃灰爐香烟之火。火生土。土亦生火。丁未是也。其火有烟無炎。全埋灰土之中。重埋則耐久。爲火土不滅。其人聰明。多驕傲之態。晚而靡康。但混沌合鑼。功名不顯。而福壽亦不高。晝生人不見光彩。夜生人得見瑩澈。初年困鈍多端。難免尅妻。喜行金水木運。則平步青雲。無論爲商爲政。必名高利優。若遇火土之運。必晦火無光。順其氣則暢快從心。逆其氣則諸多困苦。遇丑冲。防鼓盆之嘆。逢戌刑。則剝耗良多。地支遇巳午未全者。格爲炎上。南域揚聲。

丁酉 納音 山下火

丁酉日元。爲琉璃燈光之火。夜貴。文昌長生貴人。其瑩晶澈明晰。夜生人分外光明。晝生人亦抱負不凡。爲人聰敏玲俐。榮貴可知。爲人胸襟磊落。文采風雅。學貫中西。名滿海內。逢壬水透干。定必功名顯達。威權忠節。支逢巳午未。則名高爵顯。旅行南方榮耀。如走北方受困。產生夏天。支遇巳酉丑。干透庚辛。富比陶朱。逢卯冲。清中帶濁。作事一生虛僞。遇辰合。則爲攀花問柳。沉迷酒色之徒。運逢水木則吉。火土則凶。身旺。入金融界必發富。財政界稱雄。

丁亥 納音 屋上土

丁亥日元。胞胎夜貴。兼逢大敗。喜見財官。乃風前秉燭。炎光恍惚。水面燈光之火。最喜壬寅。官合印生。名曰燈罩。可以久遠。炤光千里。可以獨行四方。不怕風雨。定其功名顯達。若無壬水。喜有庚金透干。名振朝野。可以息浪止風。遠鎮邊疆。威武忠直。轟列之名。若無庚壬。而有刑冲。貧賤夭折。喜壬寅火土。忌亥巳刑冲之運。否則非破相。卽帶殘疾。運喜壬水寅卯辰庚辛等。則利名俱足。財旺丁秀。家業興隆。逢巳冲。顚沛殊多。遇申穿。艱苦備嘗。

五行納音　　六戊論

戊子（納音霹靂火）

戊子日元胞胎。爲蒙山之土。山下有泉。而取其清。定而能響。蓋諸侯盟會之地。喜丁火印綬。則食祿千鐘。清貴顯揚。身能降伏諸魔。故能統轄三軍。爲人忠慈兼全。智勇皆備。從來儒將多生於此。諺曰。天下原無窮戊子。此之謂也。惟看財官印綬何如。但此日生人。子息不多。得子亦必晚。行運喜火土寅戌相扶。忌行官殺卯申子辰減洩之運。幷忌刑冲。逢則終身參商。妻離子散。結果孑然一身。

戊寅 納音 城頭土

戊寅日元長生。爲艮山土。止而不行。靜而不動。艮卦取其長生趨艮，形勢巍巍，發育無涯。爲人剛毅豪俠。再加有殺有印有食。則富貴榮華。聲名遠播。最忌申馬相冲。則減半矣。印綬財官。更須配合。宜靜而不宜動。靜則一品富貴。動則顛倒叢生。遇財官印綬全備。則富貴福祿壽考。遇申冲巳刑。泰山動搖。險象環生。作事多成多敗。好學難成。運逢財官印綬。諸事順遂。若遇刑冲太過。定多拂意也。

戊辰 納音 大林木

戊辰日元，日德。爲湖邊之土。蟹吐爾穎之水。水出山津之細流。正如蟹之呔穎。所喜細水長流。出不停也。令人穩健端方。主庫肥涵濡。終世不窮。又佐以喬木峭欄。旭日井石。則富貴超羣。卽不如喬木井欄。亦不失爲山水清音。逢人說話信誠。無慮貧賤。所怕者。戌來冲辰。炎火洩氣。恐有刑傷災晦。行運喜金水。忌火土寅午戌之運。看强弱衰旺。以定榮枯。有安常之福。無奔波之勞。逢冲毀損家財。好嫖賭。不行正道。信邪言。幽僻之地。遇辰時。空谷逍遙。安息山林。

戊午 納音 炎上火

戊午日元日刃。爲山火炎炎之土。不可無以制其凶。若日元衰弱。必須以印生扶。不可刑冲。爲人英氣勃勃。浩然不屈。可參鎮守之任。無虛生怯弱之態。更喜水木調劑。甲木七殺助威。忌火土偏枯。急燥遭禍。行運亦然。逢殺印聲譽特達。威名萬里。爲人義重如山。常存浩然之氣。具英雄之氣概。無鬼祟之行爲。逢子冲刃鋒必銳。威名定然鎮海內。支全火局福非淺。水木調和祿壽全。妻防刑尅。子亦不多。太過則萬事難成。務以中和爲貴。

戊申音　大驛土

戊申日元文昌。乃泰山帶石之土。名曰巍峨之峯。氣象巉崖。柱中無衰弱彎曲之勢。爲人膽識過人。胸襟磊落。外可瞻仰威儀。內堪文章天成。經曰。坐馬多搖動主意。石堅則信義損矣。最喜金水點綴。以成名秀之士。忌火土燥烈。神色偏枯。以斟酌衰旺。去留舒配爲宜。支遇申子辰。則功名顯達。文學堪誇。富貴非常。清高絕倫。運喜金水。則聲名遠播。位重權高。如亥穿寅冲。則起復不一矣。

戊戌納音　平地水

戊戌日元。魁罡兼大敗。爲演武祁山之土。要有羊刃爲助。更得水潤木生。喜財官印綬。爲人忠正不屈。信義遠孚。加以財殺食刃。相扶相制。可許富貴壽考。最忌辰冲。致爲貧寒之士。或作事始勤終怠。破祖離鄉之客。魁罡有靈變之機。爲人態度大方。作事誠實。喜財官透露。則功名富貴。妻賢子孝。一生幸運。甲寅乙卯庚申辛酉壬子癸亥等皆吉。一生得發地點。當在西南。忌行辰戌丑未四庫之地。則六親寡助。終身參差。不利農礦等業。最喜金水之職。庶利名俱輝。

五行納音

六己論

己丑（納音）霹靂火

己丑日元大敗。爲潮濕腴田之土。稻稔宜濕之地。極多膏澤。稻易豐盛。最喜雨露透天。太陽薰蒸。其苗易秀。雨露滋潤。稼穡肥茂。若正印當權。食神吐秀。爲人文明輝煌。定然功名顯達。其中或有二庫沖開。殺印相生。而亦成文武智謀之士。支會巳酉丑金局。格取福德秀氣。可叨祖遺殷實財福。決不爲庸碌之人。行運喜金水木。忌行火土之運。無財官食傷。則貧賤矣。見財則富。逢官則貴。遇印勞碌奔波。逢比一事無成。若逢丑時。定入空門。倘遇未沖。刑尅不淺。

己卯（納音）城頭土

己卯日元進神。爲休囚失氣之土。其地尚薄。且多剝削虛損。經云。己臨卯位。未中年便作灰心是也。亦鮮祖業。無貨厚積。最喜雨露丙丁。支見丑戌扶救。可得福壽延年。如干無丙透。支無戌丑。又遇酉冲子刑。豈不貧夭乎。逢亥爲句陳得位。富貴雙全。運喜火土丑戌局。則扶搖直上。聲譽崇隆。社會信仰。民衆欽敬。若逢酉冲。根本搖動。終身福祿鮮薄。難享延年之福。大運喜火土培植。雨露潤澤。則順水推舟。名利雙全。反此一生不遇。好事難成。必貧賤孤苦矣。

己巳 納音 大林木

己巳日元。爲嶺頭高崗之土。高燥易見太陽。只怕旱澇。羊刃月時不宜。偏喜傷官透露。必名震寰宇。若無雨露潤澤。只福壽不高。爲人志伸雲霄。雄略蓋世。行運喜金水火。忌木土燥烈之運。遇衰喜印。遇旺宜傷。又當斟酌用神。支逢巳午。干透庚辛。則富貴絕倫。定主名震中外。威權蓋世。行爲信義遠乎。作事機警敏捷。遇沖亥太過。則貧賤顛倒。有制無妨。逢寅刑則起復無常。終身碌碌。必家業蕭條。須參酌用神。得宜爲上。

己未納音炎上火

己未日元陰刃。爲入田園稼穡之土。忌高燥。喜潮濕。宜謹守。慎防釵分鏡破。若子穿丑冲。土薄則失中矣。喜化甲爲土。蓋土深則稼穡茂矣。爲人品行端方。忠正可靠。更有內實外虛之象。喜水木運。忌火金之運。干透乙木。定主功名顯達。遇戌刑丑冲。必尅妻而分鴛。并防西河之痛。逢甲合則忠心耿耿。赤誠待人。見乙卯。智勇兼全。能屈能伸。大運亥子寅卯之方。則業振財豐。創新營舊。光輝家聲。遇丙巳亦主發福。大忌丁午辰戌丑未戊己。則貧苦矣。

己酉納音大驛土

己酉日元。文昌進神。乃菜地稼穡之土，雖坐長生。實係洩氣。尚未晚熟。最喜柱中丙寅，培植稼穡。物產豐富。決主富貴。最忌剝削。若秋生瘦削太甚。見火無危。否則必主貧賤夭折。如丙火透干。支遇巳午。定必富貴榮華。名留千古。若遇卯冲。係地裂山崩之象。災危叢生。支遇巳酉丑。產生於四季之中。則福德非淺。必優游自得。清高飛凡。智識兼優。爲社會之名士。或政界之偉人。大忌子午卯酉。遇則必然貪娛酒色。聰明自誤矣。

己亥納音平地木

己亥日元胞胎之地。茭池稼穡之土。蓋污泥潮濕之地。少見陽光。喜丙火照臨。則蕃秀殊易。若逢乙木。終損福壽。喜甲木火土乾燥。忌行乙木金水濕地之運。身强逢乙木亦不爲損。遇印綬定主福壽康健。富貴超羣。支逢巳酉丑。生四季之時。定享清閒之福。如產申酉之月。洩氣太過。必主難獲延年。木重冒氣難舒。暗疾不免。水多財衆身衰。立業維艱。作事似逆水行舟。行動如羊腸走馬。一生旅行住宅。皆係向南爲吉。最怕巳冲。則顛倒叢生。

五行納音　六庚論

庚子 納音壁上土

庚子日元。乃倒懸鐘磬之金。金空則响。偏喜望死絕之地。未穿午沖。一擊則聲聞寰宇。如丑戌相刑。火土填實。暗沒無聲矣。爲人文明智深。聰俊超羣。喜金水木之運。忌行火土之鄉。否則智慧淹埋。遇申辰全水局格爲井欄義。聰明天成。其志清高。落申時。格取歸祿。必然文秀華美。儒學天生。清貴顯達。風雅絕倫。逢子多沖午。格取飛天祿馬。爲人品學兼優。獨樹一幟。定能志伸霄漢。功業崇隆。午多丑合不吉。

庚寅 納音松柏木

庚寅日元。名謂自絕。又曰還魂。乃冶爐鐘鼎之金。必逢木火交易。銷熔陰翳。煉成美質。倘食傷一透。英氣流露。加以戊土轉擦。則利涉大川。人生逢之。名利完美。運喜木火之旱燥。忌行金水之潮濕。支遇寅午戌。秋生則富貴榮華。耀宗改宅。承前裕後。光榮鄉里。逢巳午未亦能工商發跡。實業興家。身弱喜印綬生扶。厚載多福。身强遇財官食傷。逢之爲奇。乃光啓前人之緒。創業增產之士。逢申冲。主心不定。破敗多端。遇巳刑。妻子有損。破耗甚重。須四柱參酌用神。方免錯誤。

庚辰 納音 白蠟金

庚辰日元。日德魁罡。號曰水師將軍。要酉刃相助。丙火輔之。方稱勇敢無雙。精敏果敢。智勇兼備。爲人胸藏韜略。軍界顯揚。從戎征剿。鋒銳莫當。丁火比肩雲集。亦是受敵。若逢戊寅資助。尤爲努力。不然衰弱可畏。一事無成。凡水師將軍。不宜行陸地。遇戌冲之運不吉。必致貧也。地支得申子辰全局。格取井欄義。其人飽學通儒。下筆成文。見財食倉庫豐盈。堆金積玉。見官殺非貧卽夭。窮苦嗟嘆。從商遇刑冲。貪花問柳。無財則清貧。懷才不遇。

庚午 納音 路傍土

庚午日元。乃出鎔之金。煉成鐘鼎之器。要支中金水調和。文武俱能成名。若無金水。又加木火重逢。旺之太過。必主夭折。行運最喜金水。忌火土木運。如遇殺印相生。定能掌軍政之重任。爲朝野之名人。才通文武。學貫古今。秋生白帝司權。支遇寅午戌火局。火鍊秋金。必操上將之任。壬水透干。清高逸樂。遇子冲丑穿。一生潦倒。名業難振。遇子午卯酉四敗之地。必好攀花問柳。喜小人。惡君子。行動怪僻。才偏性執。狠戾自用。不遭大禍必奇窮。四柱無財。終身奔波。家業難興。支逢子多冲午。倒冲飛天祿馬。異路榮顯。

庚申 納音石榴木

庚申日元專祿。乃已成劍鋒之金。鋒芒四射。再得火煉。更顯英雄。故生於丙丁寅午戌數時。則聲名遠播。若逢申子辰庚辛。及巳酉丑全者。忌見火矣。壬癸透干。氣冲牛斗。位極人臣。運行喜水火。忌木土之運。若遇酉刃。必要七殺透干。方爲奇格。金局全者。格爲從革。富貴榮顯。見火格破。全申子辰者。格爲井欄義。其人文必高懸。四海聞名。博學多能。敏慧勝人。其格忌火。見宮殺卽敗。逢刑冲則貧。

庚戌 納音 釵釧金

庚戌日元魁罡。爲陸地元帥。將軍入土無光。易於沉埋。最喜羊刃幫扶。方能抵敵。以建立功名。倘無刃無殺。忌水無力。一逢壬癸申子辰。則手足俱疲。不但名利無成。性命亦難保。遇辰冲則死。蓋陸地元帥。入水勇無所施。運逢火土則發。忌行金水之鄉。支全申酉戌。格爲從革。一等富貴。運喜西方。名高爵顯。忌丙丁巳午。見火非格論。宜酌取用神。運喜寅卯辰。巳午未則吉。若逢申酉戌亥子丑反凶。秋生用財。春產用食。夏生用印。冬產用官。反是則貧且苦矣。

五行納音　六辛論

辛丑 納音 壁上土

辛丑日元。乃幼孩胎息之金。降地革金。未雜爲玉。胎兒未離之氣。總須保護元神。勿令摧殘剝削。須知此金。若見寅午戌。爲玉出崑崙。見申子辰。曰金生麗水。主老蚌生珠。或是偏生庶出。如無刑冲破敗。則福壽可期。大抵善爲調護。卽是國家玉寶。不善護持。卽是汚泥之金。喜行金水。運忌木火。若無戌刑未冲。土厚埋金。遇木疏通。富貴康健。逢刑冲珠光燦爛。西北富貴。東南困鈍。

辛卯　納音　松柏木

辛卯日元。爲古木琥珀之金。觸曦之光。而入土凝爲琥珀珊瑚之質。其質脆薄。必以戊子戊戌爲輔。及干支丙戌相扶。庶有所托。若無印綬。專見食傷。則洩氣而無用矣。蓋金生卯。支質虛弱。雖爲首飾易毀。且有狐疥决絕之念。若無戊子戊戌丑未相扶。單有丙丁炤耀。亦是官鬼虛邀。非僧卽道。而乏嗣貧賤夭折。或骨肉寡情。行運喜生扶。忌行尅洩之運。有印綬。始用傷食。不然。欲以吐秀。反洩氣矣。

辛巳　納音　白蠟金

辛巳日元大敗。乃石中璞玉之金。全仗彫琢之功。惟和氏識之。所云玉出崐崗。生此日主。天干有水吐秀。決然富貴。地支藏水顯光。亦可沾潤致富。如干支無水。總有財官。丙合辛而化水。當爲佳美。喜亥冲巳。堪是老蚌生珠。亦與辛丑相類。行運喜金水。忌行木火之運。支遇巳酉丑。格爲從革。乃財界之領袖。如逢亥卯未。亦商場之巨擘。運南方。逢火地。災禍同侵。遇水木。走東北。福祿共臨。產夏季。火重金衰。則血疾無疑。或夭折也。

辛未 納音 路傍土

辛未日元。乃鎔土成金。從土生得之金。先取戊己資扶。次取壬癸吐氣。但己不如戊。癸不如壬。最怕甲乙剋土。又怕庚辛淹滯。丑辰掩埋。難收煅煉之功。火土煉金。則自然富壽。火抵水土爲主。喜行火土金運。忌丙妬合。尤忌丑庫。秋生用財富發。冬產遇丁榮顯。食祿千鍾。名利俱足。夏生逢印爲奇。福壽綿長。產酉地見巳丑。格取從革。亦能富貴。遇戊己重而逢坤。金埋土中。一生懷才不遇。必終身起倒很多。逢貴人極處逢生。遇亥子窮亦能通。惟一生多學少成。始勤終怠。

辛酉 納音 石榴木

辛酉日元專祿。珍貴釵之金。得祿乃京殿貴重之器。誰不珍惜。喜水之盈。畏土不多。重火土庚金。則無功名。爲人温良恭儉。靈敏非凡。秋生火少多水。則功名必顯。喜行水木。最忌土運。一生得發地點。當在西北。秋生支逢巳酉丑。格取從革。得水文學堪誇。遇金詩酒自豪。身旺見財。以商致富。傷官生財。實業起家。逢卯冲。瑜中有瑕。遇酉刑。貪花好色。畏火土官殺之運。喜傷食洩氣之方。遇合則多情。逢冲多顛倒。

辛亥 納音 釵釧金

辛亥日元。乃水底珠玉之金。有淘沙見金之象。一生利途勞碌。憂患頻仍。最喜有寅合亥。是爲撈金用節。卽登彼岸。無寅得壬。光華亦見。倘逢温土汚泥。以及巳冲申穿。難免沉淪。苦海無邊。若行寅午戌。運行火庫利優。倘逢申子辰全。或亥子丑全。爲白虎備潤下之水。且富且榮。文學堪誇。見財官定掌政權。乏財官超羣脫凡之士。清澄澈底。濁氣洩盡。則脫凡而成仙道。無仕途之心。乏名利之志。鷄羣之鶴。羽毛是異。放棄爵祿。遁跡山林。逢刑冲則貧賤矣。

五行納音　六壬論

壬子 納音 桑柘木

壬子日元。爲洋溢滂沱之水。有利以制刃。則狂瀾驚濤。可云清晏四海。再加印綬食傷。能與財官配合。功名富貴。豈可限量。運喜官殺。名震海內。忌行金水之鄉。天干七殺高透。定鎮邊疆重任。威名顯赫。中外同欽。冬產水旺太過。南域揚聲。再遇水運。則危害實巨。定主妻亡子散。家業蕭條。子多冲午。飛天祿馬。富貴榮昌。逢卯則好色之徒。逢未六親無靠。防犯人命之罪。須火土制服。中和爲貴。

壬寅 納音 金箔金

壬寅日元文昌。乃雨露沙灘之水。見其入不見其出。似乎利貨泛濫。最喜雲雨併集。趨艮利達上倉。發福無涯。有水透出。可獲武將之職。若上下四柱火土太燥。殊不相宜。運喜金水。忌走火土。申冲則危險。八字四寅天地一炁。則形勢巍巍。六壬趨艮之大格。應運而生。福壽康健。富貴無雙。壬騎虎背。威鎮一方。忌申巳二時。否則終身貧賤。乞食奔波。爲流落他鄉之客。支全午未。寅午戌。爲水火既濟。玄武當權等格。亦能致富致貴。爲政爲商。抱有爲有守之志。反是則貧。

壬辰 納音 長流水

壬辰日元魁罡。乃壬騎龍背。最喜亥子之水。刃祿則龍可飛天。干有庚甲。支遇卯寅。活潑飛騰。風雲際會。蓋辰多則貴。寅多則富。惟見戌冲。則無情有戰。貧賤孤苦。行運喜金水木。亥子丑申。忌火土。巳午未戌之運。地支申子辰。亥子丑全。格成潤下。逢戌冲丁合。則貧苦矣。落寅時。爲六壬趨艮。由小貴而致大富。逢辰多。遇亥年。破壁飛騰。聲振寰宇。位居極品。一生寄天下之安危。卽此格也。

壬午 納音 楊柳木

壬午日元胞胎。爲祿馬同鄉。水火既濟之功。上水下火。可以沾溉身家。普濟羣生。友遇寅戌。格爲玄武當權。宜去留舒配。運遇木火。富貴可期。忌子冲未合。否則貧賤矣。格曰胞胎。遇辛金印綬。定祿享千鍾。逢子多冲。格取飛天祿馬。名振一時。朝野欽敬。冬生身旺極貴。秋產亦能主富。以商起家。光輝門庭。夏生財多身弱。定乃富屋貧人。非格論矣。大運喜金水火。木運次之。若逢土運。則淹滯無光。身強不妨。須參考四柱。去留舒配。得宜爲福。反此則貧。

壬申 納音 劍鋒金

壬申日元長生。爲水到崐崙。忌丙火交戰。活息清白。再生乎冬。不問而知富貴壽考。生於夏則減半矣。柱中有刃用殺。無刃不可用殺。最忌與戌相激。與亥相穿。忌寅相冲。而致過傷也。金水相生。順流之性。忌行木火之運。亦須因其時令。又當斟酌。方免錯誤。支全申子辰。格為潤下。富貴極品。忌遇刑冲。則衝天崩地。水勢滔滔。逢火土運。轉危為安。興家立業。承前裕後。亥穿則戚黨少助。顛倒奔波。

壬戌 納音大海水

壬戌日元日德。為水到乾宮。水有曲流之性。有安常之福。為人勞碌。有刃相助。名利可許。若有寅午則吉。最忌丑酉之運。逢辰冲。則為貧寒之士。有合不妨。行運喜木火金。忌水土運。支全火局。格取玄武當權。又為水火既濟。定掌威武之權。其人祖遺豐隆。出身門第清高。春生則柔弱無能。夏產恐難延年。秋生文學蓋世。冬產福壽康健。名業崇隆。兒孫繞膝。滿堂榮慶。大忌辰冲破格。非貧即夭。逢卯合。貪花問柳。不務正事。見丑未。一世昏沉。晦暗難明。

五行納音　　六癸論

癸丑 納音 桑柘木

癸丑日元。刃殺同宮。乃織積叢雜之水。水交雜氣。雜心抑鬱柱中。卯支乙干以通之。則文章可許。定然功名顯達。無乙卯有甲寅。亦能乘風破浪。英雄氣概。作事多險。有成有敗。因不如乙卯之安且吉也。乙卯甲寅俱無。則不中用矣。若遇未來相沖。有子相合方妙。行運喜金木。忌土庫之運。向東北方。飛黃騰達。逢木火運。身旺遇食傷爲奇。遇辰戌丑未。則刑冲破害。悲歡離合。遇印綬。則身弱發跡。一生性高氣傲。無陰險之心。

癸卯 納音 金箔金

癸卯日元日貴。文昌長生貴人。乃林中澗泉之水。癸水生於卯上。不染一點渣滓。爲人瀟洒逸樂。珠璣流潤。文采風雅。文章錦秀。本是天成。只怕前後濁土濁水相雜。則不中矣。行運喜金水。忌火土之運。遇酉冲貧寒。日貴逢財官印綬。非富卽貴。大雅升入雲霄。富麗堂皇。食則山珍玉粒。衣則錦緞綾羅。主人聰明。機變敏捷。水多木浮。飄流之徒。火土太盛。庸愚之輩。產生寅午戌之月。遇戊化。又作別論。化之真者。名公鉅卿。化之假者。貧賤小人。

癸巳納音長流水

癸巳日元日貴。乃財官雙美。崗阜岑阿之水。源流接天。若水火既濟。定立功名。未得祖業之蔭。最喜山林茂盛。雨雲陰翳。則潮濕不竭。即可致富致貴。忌支中見亥逢冲。寅申相刑。有戊土爲堤。名利顯達。財旺丁秀。倘逢尅破。一生波浪不淺。財官印綬全備。則非富即貴。爲社會領袖。市場能人。支逢巳酉丑。格取印綬。或遇亥子丑。格爲潤下。雙癸三癸日干。亥多冲巳。亦爲飛天祿馬。即爲應享榮華之客。大忌刑冲破害。

癸未納音楊柳木

癸未日元。乃山澤灣曲之水。癸坐木庫。其流有濁土之阻。爲人有外清內蒙。最喜金木透天。地支亥卯會局。名成利達。若火土重逢。則爲遇而不遇。飛刃日元。喜制服不宜太過。身弱遇印爲奇。身衰火土爲忌。支全亥卯未。冬生爲水飄木浮。則六親寡助。剝削不輕。爲人性情忠正。營商不凡。作事浩氣長存。交際慷慨不吝。遇丑冲。防有鼓盆之嘆。逢寅時。恐抱西河之痛。冬産財旺發福。秋生木火榮顯。産生寅午戌之地。逢戌化。格取從化。定然異路榮顯。反此則貧賤矣。

癸酉 納音 劍鋒金

癸酉日元。乃石泓溪流之水。生於石中。其流極清。而長叨祖父之福。世家子弟。尤主仁義。當清白家風。文章清藻。得柱中有木以滲之。有金以涵之。則金白水清。忠正文明。心緒多勞。無庚則減半矣。如無金木。而反刑冲。必有愧於先人。便不中用矣。行運喜水。亦怕水冷金寒。若生於冬令。支柱有火土透氣。有丙丁爲合格。此定論也。無火則爲清貧之命。日坐梟神。爲人多學少成。凡事始勤終怠。逢卯冲則起復不一。遇辰合則有志難伸。

癸亥 納音 大海水

癸亥日元大敗。脈出崑崙。氣過乾坤。混混沌沌。名曰還源。然水天一色。正氣保涵。機械不生。有木則清風徐來。自是羲皇之象。其功名富貴。非同小可。最忌左右有巳冲申穿。再有狂風暴雨。甲壬相雜。便不中矣。行運喜平穩會合。忌刑冲作浪之運。癸日癸時。格取飛天祿馬。爲人聰明毓秀。文章天成。冬生遇火定富發。見戊己榮顯。遇印綬不吉。逢食傷爲忌。運喜南方。財喜並臨。如走北方。勞而無成。若遇申穿巳冲。則貧窮孤苦。披星帶月。櫛風沐雨。終身碌碌。

附壬奇推命法圖表

此爲初學入門法。學者須觀六壬三種專書。

推命之法。先將年月日時。排成八字。看節氣過宮或未過。再將月加時法。立成一課。次將十二神將。起陰貴或陽貴。十二宮行年月令。神殺安身。依序佈列。玩而占之。參攷三傳四課十二宮。大運起例。小運行年起例。三限起例。男順女逆。細閱六壬專書。由淺入深。便知吉凶休咎矣。

先天八卦次序表

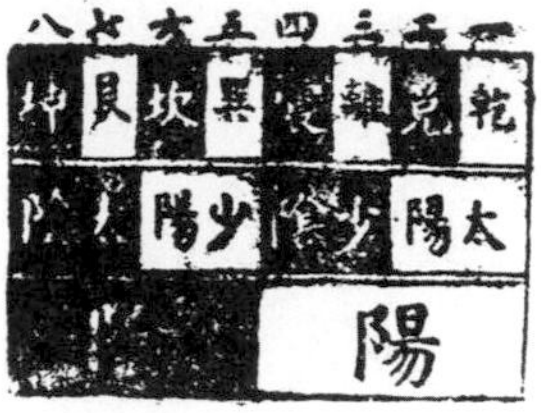

後天八卦次序表

先天八卦方位表

後天八卦方位表

陽數一三五七九

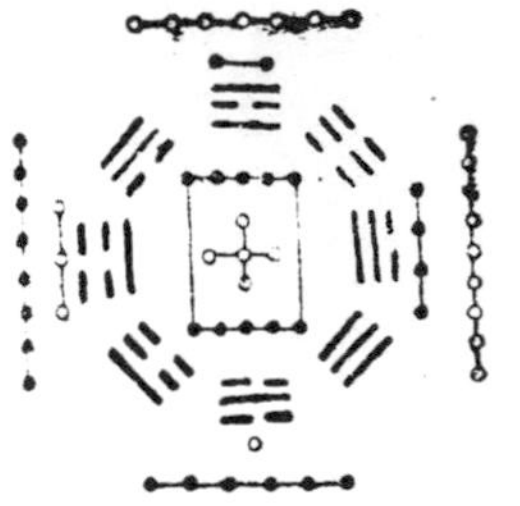

陽數五五共二十五

陰數二四六八十

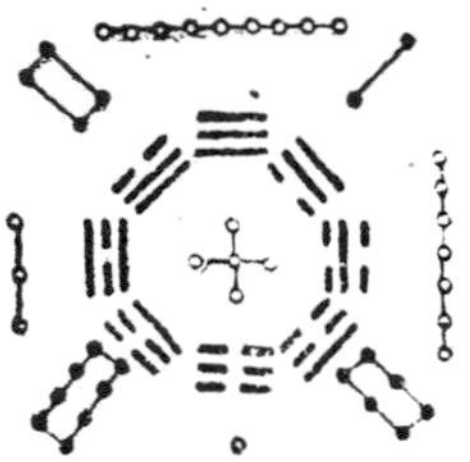

陰數五六共三十

先天卦配河圖之象

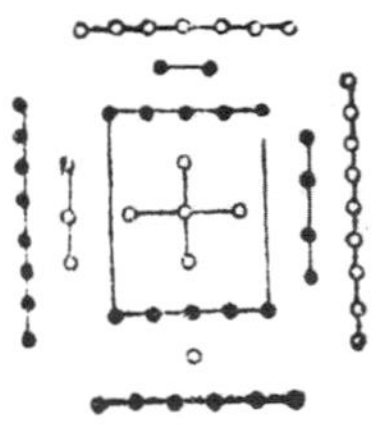

先天卦配洛書之數

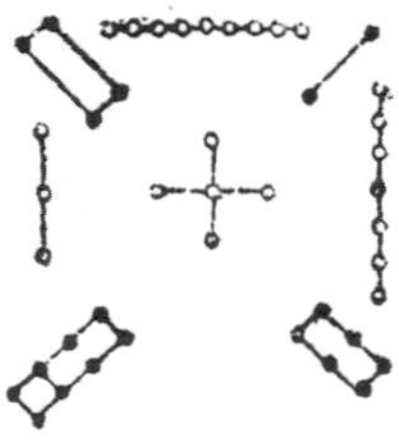

後天卦配河圖之象

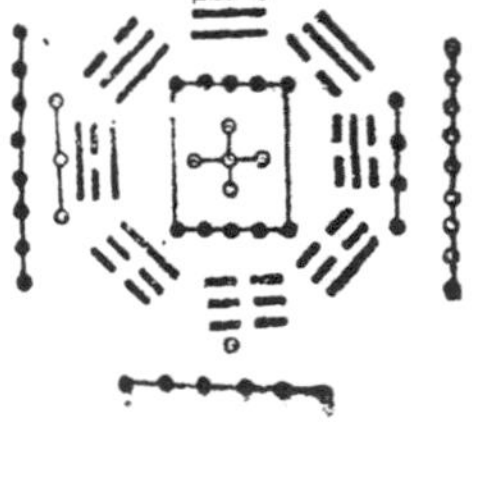

後天卦配洛書之數

附壬命推命法圖表

天星十二辰二十八宿星象吉凶表

生墓旺三合

五行用事

三

六甲旬空圖

刑冲破害圖

附奇門值日法

此法爲初學入門而設。須參奇門遁甲及五彩盤等書。

一坎北方　二坤西南　三震正東　四巽東南　五中陽寄坤二陰寄艮八　六乾西北　七兌正西　八艮東北　九離正南

書曰。陰陽順逆妙難窮。二至還向一九宮。若能瞭達陰陽理。天地盡在一掌中。

八卦九宮指掌圖

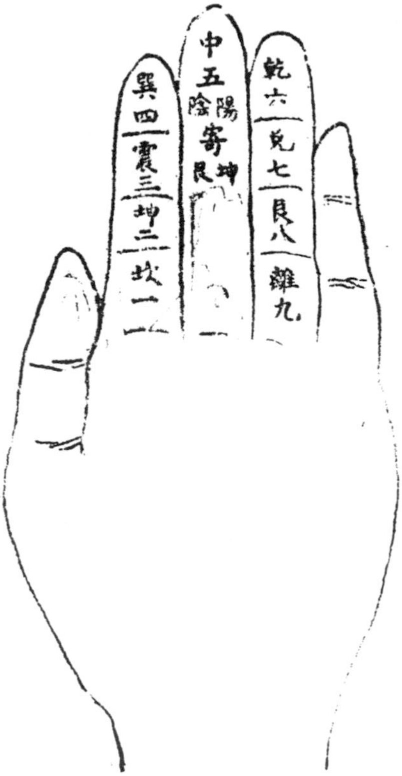

值日法每日有三日同也。

一者冬至後用陽遁。一百八十日皆從正北方坎卦起休門順行。生門在艮。九者夏至後。用陰遁一百八十日從九宮離卦。正南起休門逆行。生門在東南轉逆數。

甲　一　甲子以下三日

戊子　休甲戊壬子者　戊子以下三日

壬　九　壬子以下三日

丁　三　丁卯戊辰己巳　冬至後休門在坤

乙卯　求　乙卯丙辰丁巳　土陽遁順行生門

辛　八　辛卯壬辰癸巳　九日　在兌七

夏至後一百八十日陰遁八宮艮卦起休門逆行坎卦日生門也

庚　三　冬至後陽遁從三震順行休生傷杜八門

戊午　位此九日

甲　七　夏至後陰遁從兌七逆轉八門

附奇門值日法

癸辛丁　酉　四六　流

癸酉甲戌乙亥
辛酉壬戌癸亥
丁酉戊戌己亥

九日

冬至後陽遁從東南順行生門在離
夏至後陰遁逆行八門從乾卦至兑

丙庚　子從　乾巽　起

丙子丁丑戊寅
庚子辛丑壬寅

冬至後陽遁從乾位西北順轉八門
夏至後陰遁從巽位逆轉八門

癸己　兔自　七三　謀

冬至後一百八十天陽遁從兑七起休門順行
夏至後一百八十天後東方三震起休門逆轉

壬丙　馬處　艮坤　遁

冬至後陽遁從艮位順轉八門
夏至後坤位西南方逆轉

乙已　鷄宮　九一　儔

冬至後陽遁從九宮離起休門順轉
夏至後陰遁從坎起休門逆轉

命學金聲初版啓事

星家玄真子著

玄真子爲鄙人之別署。曾緣先世皆攻舉子業。迨先君宦遊歸隱。督飭綦嚴。詩禮之餘。常勗以男兒必須頂天立地。否則不可爲人爲子。鄙人無似。雖足遍南北東西。而皆碌碌寡合。賸得清風明月。何可療饑。惟以松烟斑管。出旁嗜之命學。賺衣食以度歲月。故隱其名而別署。使無玷於先人。洎爲人決策以來。二十餘更裘葛。鄙人苦衷。原爲不得已之舉。第承許爲得時。言必有中。謬譽劉李復生。反滋媿赧耳。雖然。命學一道。苟得其門。誠有不可思議。對於人事之吉凶休咎。瞭如指掌。而人每視爲玄妙。極少研求。無怪處世應變。皆懵然矣。丁茲國是滄桑。兆民惶慮。或急擬安家。或速圖謀業。則關於命學。實不可須臾離之。刻因友人力勸。將所積之命學。定名曰金聲。鄙人既因初學者。每感玄妙而視爲畏途。遂作淺近文詞。列表詳加解釋。使無師皆可自通。均知趨避之方。進退之道。謹乞高才鴻識。有以教之爲幸。本書編排倉猝。難免魯魚亥豕。暨遺漏之處。希諸君見正之。幸甚。

玄真子謹啓

中華民國二十八年五月初版

命學金聲

精裝一厚冊實價八角
（外埠酌加郵費匯費）

著述者 玄真子

出版者 玄真子

印刷者 漢文正楷新記印書館 山東路永樂里十五號

發行處 玄真子命課館 上海虞洽卿路三三四號

分售處 上海漢口路望平街東首 千頃堂書局

占筮類

1	擲地金聲搜精秘訣	心一堂編	沈氏研易樓藏稀見易占秘鈔本
2	卜易拆字秘傳百日通	心一堂編	
3	易占陽宅六十四卦秘斷	心一堂編	火珠林占陽宅風水秘鈔本

星命類

4	斗數宣微	【民國】王裁珊	民初最重要斗數著述之一；未刪改本
5	斗數觀測錄	【民國】王裁珊	失傳民初斗數重要著作
6	《地星會源》《斗數綱要》合刊	心一堂編	失傳的第三種飛星斗數
7	《斗數秘鈔》《紫微斗數之捷徑》合刊	心一堂編	珍稀「紫微斗數」舊鈔秘本
8	斗數演例	心一堂編	
9	紫微斗數全書（清初刻原本）	題【宋】陳希夷	斗數全書本來面目；有別於錯誤極多的坊本
10－12	鐵板神數（清刻足本）——附秘鈔密碼表	題【宋】邵雍	無錯漏原版秘鈔密碼表　首次公開！
13－15	蠢子數纏度	題【宋】邵雍	蠢子數連密碼表打破數百年秘傳　首次公開！
16－19	皇極數	題【宋】邵雍	清鈔孤本附起例及完整密碼表研究神數必讀！
20－21	邵夫子先天神數	題【宋】邵雍	附手鈔密碼表研究神數必讀！
22	八刻分經定數（密碼表）	題【宋】邵雍	皇極數另一版本；附手鈔密碼表
23	新命理探原	【民國】袁樹珊	子平命理必讀教科書！
24－25	袁氏命譜	【民國】袁樹珊	
26	韋氏命學講義	【民國】韋千里	民初二大命理家南袁北韋北韋之命理經典
27	千里命稿	【民國】韋千里	
28	精選命理約言	【民國】韋千里	
29	滴天髓闡微——附李雨田命理初學捷徑	【民國】袁樹珊、李雨田	命理經典未刪改足本
30	段氏白話命學綱要	【民國】段方	民初命理經典最淺白易懂
31	命理用神精華	【民國】王心田	學命理者之寶鏡

32	命學探驪集	【民國】張巢雲	發前人所未發 稀見民初子平命理著作
33	澹園命談	【民國】高澹園	
34	算命一讀通——鴻福齊天	【民國】不空居士、覺先居士合纂	
35	子平玄理	【民國】施惕君	
36	星命風水秘傳百日通	心一堂編	
37	命理大四字金前定	題【晉】鬼谷子王詡	源自元代算命術
38	命理斷語義理源深	心一堂編	稀見清代批命斷語及活套
39－40	文武星案	【明】陸位	失傳四百年《張果星宗》姊妹篇 千多星盤命例　研究命學必備
相術類			
41	新相人學講義	【民國】楊叔和	失傳民初白話文相術書
42	手相學淺說	【民國】黃龍	民初中西結合手相學經典
43	大清相法	心一堂編	重現失傳經典相書
44	相法易知	心一堂編	
45	相法秘傳百日通	心一堂編	
堪輿類			
46	靈城精義箋	【清】沈竹礽	沈氏玄空遺珍 玄空風水必讀
47	地理辨正抉要	【清】沈竹礽	
48	《玄空古義四種通釋》《地理疑義答問》合刊	沈瓞民	
49	《沈氏玄空吹虀室雜存》《玄空捷訣》合刊	【民國】申聽禪	
50	漢鏡齋堪輿小識	【民國】查國珍、沈瓞民	
51	堪輿一覽	【清】孫竹田	失傳已久的無常派玄空經典
52	章仲山挨星秘訣（修定版）	【清】章仲山	章仲山無常派玄空珍秘 門內秘本首次公開
53	臨穴指南	【清】章仲山	沈竹礽等大師尋覓一生末得之珍本！
54	章仲山宅案附無常派玄空秘要	心一堂編	
55	地理辨正補	【清】朱小鶴	玄空六派蘇州派代表作
56	陽宅覺元氏新書	【清】元祝垚	簡易・有效・神驗之玄空陽宅法
57	地學鐵骨秘　附　吳師青藏命理大易數	【民國】吳師青	釋玄空廣東派地學之秘
58－61	四秘全書十二種（清刻原本）	【清】尹一勺	玄空湘楚派經典本來面目 有別於錯誤極多的坊本

62	地理辨正補註　附 元空秘旨　天元五歌　玄空精髓　心法秘訣等數種合刊	【民國】胡仲言	貫通易理、巒頭、三元、三合、天星、中醫
63	地理辨正自解	【清】李思白	公開玄空家「分率尺、工部尺、量天尺」之秘
64	許氏地理辨正釋義	【民國】許錦灝	民國易學名家黃元炳力薦
65	地理辨正天玉經內傳要訣圖解	【清】程懷榮	秘訣一語道破，圖文并茂
66	謝氏地理書	【民國】謝復	玄空體用兼備、深入淺出
67	論山水元運易理斷驗、三元氣運說附紫白訣等五種合刊	【宋】吳景鸞等	失傳古本《玄空秘旨》《紫白訣》
68	星卦奧義圖訣	【清】施安仁	
69	三元地學秘傳	【清】何文源	
70	三元玄空挨星四十八局圖說	心一堂編	三元玄空門內秘笈　清鈔孤本 過去均為必須守秘不能公開秘密 與今天流行飛星法不同
71	三元挨星秘訣仙傳	心一堂編	
72	三元地理正傳	心一堂編	
73	三元天心正運	心一堂編	
74	元空紫白陽宅秘旨	心一堂編	
75	玄空挨星秘圖　附 堪輿指迷	心一堂編	
76	姚氏地理辨正圖說　附 地理九星并挨星真訣全圖　秘傳河圖精義等數種合刊	【清】姚文田等	蓮池心法　玄空六法 門內秘鈔本首次公開
77	元空法鑑批點本——附 法鑑口授訣要、秘傳玄空三鑑奧義匯鈔　合刊	【清】曾懷玉等	
78	元空法鑑心法	【清】曾懷玉等	
79	曾懷玉增批蔣徒傳天玉經補註【新修訂版原（彩）色本】	【清】項木林、曾懷玉	
80	地理學新義	【民國】俞仁宇撰	
81	地理辨正揭隱（足本）　附連城派秘鈔口訣	【民國】王邈達	揭開連城派風水之秘
82	趙連城傳地理秘訣附雪庵和尚字字金	【明】趙連城	
83	趙連城秘傳楊公地理真訣	【明】趙連城	
84	地理法門全書	仗溪子、芝罘子	巒頭風水，內容簡核、深入淺出
85	地理方外別傳	【清】熙齋上人	巒頭形勢、「望氣」「鑑神」
86	地理輯要	【清】余鵬	集地理經典之精要
87	地理秘珍	【清】錫九氏	巒頭、三合天星，圖文並茂
88	《羅經舉要》附《附三合天機秘訣》	【清】賈長吉	清鈔孤本羅經、三合訣法圖解
89-90	嚴陵張九儀增釋地理琢玉斧巒	【清】張九儀	清初三合風水名家張九儀經典清刻原本！

91	地學形勢摘要	心一堂編	形家秘鈔珍本
92	《平洋地理入門》《巒頭圖解》合刊	【清】盧崇台	平洋水法、形家秘本
93	《鑒水極玄經》《秘授水法》合刊	【唐】司馬頭陀、【清】鮑湘襟	千古之秘，不可妄傳匪人
94	平洋地理闡秘	心一堂編	雲間三元平洋形法秘鈔珍本
95	地經圖說	【清】余九皋	形勢理氣、精繪圖文
96	司馬頭陀地鉗	【唐】司馬頭陀	流傳極稀《地鉗》
97	欽天監地理醒世切要辨論	【清】欽天監	公開清代皇室御用風水真本
三式類			
98－99	大六壬尋源二種	【清】張純照	六壬入門、占課指南
100	六壬教科六壬鑰	【民國】蔣問天	由淺入深，首尾悉備
101	壬課總訣	心一堂編	過去術家不外傳的珍稀六壬術秘鈔本
102	六壬秘斷	心一堂編	
103	大六壬類闡	心一堂編	
104	六壬秘笈——韋千里占卜講義	【民國】韋千里	六壬入門必備
105	壬學述古	【民國】曹仁麟	依法占之，「無不神驗」
106	奇門揭要	心一堂編	集「法奇門」、「術奇門」精要
107	奇門行軍要略	【清】劉文瀾	條理清晰、簡明易用
108	奇門大宗直旨	劉毗	天下孤本　首次公開
109	奇門三奇干支神應	馮繼明	虛白廬藏本《秘藏遁甲天機》
110	奇門仙機	題【漢】張子房	奇門不傳之秘　應驗如神
111	奇門心法秘纂	題【漢】韓信（淮陰侯）	
112	奇門廬中闡秘	題【三國】諸葛武侯註	
選擇類			
113－114	儀度六壬選日要訣	【清】張九儀	清初三合風水名家張九儀擇日秘傳
115	天元選擇辨正	【清】一園主人	釋蔣大鴻天元選擇法
其他類			
116	述卜筮星相學	【民國】袁樹珊	民初二大命理家南袁北韋
117－120	中國歷代卜人傳	【民國】袁樹珊	南袁之術數經典